FOUCAULT

COLEÇÃO
FIGURAS DO SABER

dirigida por
Richard Zrehen

Títulos publicados
1. *Kierkegaard*, de Charles Le Blanc
2. *Nietzsche*, de Richard Beardsworth
3. *Deleuze*, de Alberto Gualandi
4. *Maimônides*, de Gérard Haddad
5. *Espinosa*, de André Scala
6. *Foucault*, de Pierre Billouet

FOUCAULT
PIERRE BILLOUET

Tradução
Beatriz Sidou

Revisão técnica
Carlos José Martins
Universidade Estadual Paulista

Estação Liberdade

FIGURAS DO SABER

Título original francês: *Foucault*
© Societé d'Édition Les Belles Lettres, 1999
© Editora Estação Liberdade, 2003, para esta tradução

Preparação de original	Fernando Santos
Revisão	Tulio Y. Kawata
Projeto gráfico	Edilberto Fernando Verza
Composição	Nobuca Rachi
Capa	Natanael Longo de Oliveira
Assistência editorial	Maísa Kawata
Editor responsável	Angel Bojadsen

CIP-BRASIL – CATALOGAÇÃO NA FONTE
Sindicato Nacional dos Editores de Livros, RJ

B495f

Billouet, Pierre
  Foucault / Pierre Billouet ; tradução Beatriz Sidou ; revisão técnica Carlos José Martins. – São Paulo : Estação Liberdade, 2003. — (Figuras do Saber / 6)

  Tradução de: Foucault
  Contém dados biográficos
  Inclui bibliografia
  ISBN 85-7448-079-7

  1. Foucault, Michel, 1926-1984. 2. Filosofia francesa – Século XX.
  I. Título. II. Série.

03-1909.   CDD 194
                                                 CDU 1(44)

Todos os direitos reservados à

Editora Estação Liberdade Ltda.
Rua Dona Elisa, 116   01155-030   São Paulo-SP
Tel.: (11) 3661-2881   Fax: (11) 3825-4239
editora@estacaoliberdade.com.br
http://www.estacaoliberdade.com.br

Sumário

Dados biográficos 9

Prólogo 11

1. Foucault antes de Michel Foucault 15
2. História da loucura (1961) 19
3. O nascimento da clínica: uma arqueologia do olhar médico (1963) 45
4. As palavras e as coisas: "uma arqueologia das ciências humanas" (1966) 63
5. A arqueologia do saber (1969) 105
6. Vigiar e punir: o nascimento da prisão (1975) .. 127
7. História da sexualidade: a vontade de saber (1976) 153
8. Prazeres, cuidado, si 177
9. O cuidado de si (1984) 193

Conclusão 215

Indicações bibliográficas 225

Dados biográficos

1926 Nasce "Paul Foucault" em Poitiers a 15 de outubro. Paul, seu pai, é cirurgião e professor de anatomia; o avô, Paul, é médico. A mãe, filha de um cirurgião, decide que o filho será chamado, em família, de "Paul-Michel".

1930-44 Escolas, liceu público, depois Collège Saint-Stanislas, em Poitiers; *hypokhâgne* (Poitiers) e *khâgne* no Liceu Henri IV de Paris (professor: Jean Hyppolite).

1946-51 École Normale Supérieure; *agrégé* de filosofia em julho de 1951; repete nas provas em outubro.

1950 Inscreve-se no Partido Comunista Francês, que deixará em 1952.

1952 Assistente de Psicologia na Faculdade de Letras de Lille. Encontra Jean Baraqué.

1954 Publicação de *Doença mental e personalidade*.

1955 Diretor da Maison de France em Upsala, Suécia.

1957 Recebe Camus para o Prêmio Nobel.

1958 Conselheiro cultural de Étienne Burin des Roziers (gaullista "histórico"), embaixador em Varsóvia.

1960 Encontra Daniel Defert.

1961 Defende na Sorbonne, a 20 de maio, a tese *História da loucura*; tese complementar: *Gênese e estrutura da Antropologia de Kant*.

1962	Professor de Psicologia na Universidade de Clermont-Ferrand. Reedição de *Doença mental e personalidade*, reescrito em parte sob o título *Doença mental e psicologia*.
1963	Publicação de *Raymond Roussel*.
1965	Membro da Comissão Fouchet para a reforma universitária.
1966	Professor de Filosofia *détaché* na Universidade de Túnis; publicação de *As palavras e as coisas*.
1968	Professor de Filosofia na Universidade de Vincennes, a partir de dezembro.
1969	Publicação de *A arqueologia do saber*.
1970	Aula inaugural no Collège de France, a 2 de dezembro. Intensa atividade política nos anos seguintes; inúmeras conferências e seminários em universidades.
1971	Em fevereiro, Foucault funda o Groupe d'Information sur les Prisons [Grupo de Informação sobre as Prisões].
1973	Criação do jornal *Libération*, com Sartre e Clavel.
1975	Publicação de *Vigiar e punir*.
1976	Publicação de *História da sexualidade I: A vontade de saber*.
1984	Publicação de *História da sexualidade II: O uso dos prazeres* e de *História da sexualidade III: O cuidado de si*. No dia 25 de junho, Foucault morre de aids. Homenagem pública no pátio do Hospital Pitié Salpêtrière no dia 29 de junho. Exéquias reservadas à família e enterro sob o nome "Paul-Michel Foucault, professor do Collège de France, 1926-1984".

Prólogo

> Ser ao mesmo tempo um acadêmico e um intelectual é tentar fazer prevalecer um tipo de saber e de análise que é ensinado na universidade de maneira a modificar não apenas o pensamento dos outros, mas o seu próprio.
>
> *Ditos e escritos* IV

Acadêmico, intelectual e autor, Michel Foucault é um universitário não muito convencional, um intelectual em ruptura com o modelo moderno e um autor paradoxal.

Acadêmico original, ele introduz – com estilo – novos temas e utiliza referências inesperadas.

História da loucura questiona razão, desrazão e loucura num diálogo com Descartes e Nietzsche, o *Sobrinho de Rameau* ou *Andrômaco*. Tratando do estatuto das ciências humanas em *As palavras e as coisas*, Foucault introduz o tema "a morte do homem" contra o humanismo em geral, e contra Sartre em particular. Eleito para o Collège de France em 1971, suas intervenções políticas, em especial com o Grupo de Informação sobre as Prisões e os maoístas da Esquerda Proletária, espantam seus colegas da venerável instituição – e, como o seminário de Lacan, seu curso é um acontecimento cultural. Suas pesquisas o levam a compreender, em *Vigiar e punir*, a prisão como o ápice da sociedade disciplinar e a empenhar-se em uma *História da sexualidade* em que o questionamento sobre o estatuto do objeto cultural "sexualidade" coloca em perspectiva a psicanálise e a pastoral cristã da carne a partir da releitura dos clássicos greco-latinos. Foucault pensa o método de sua atividade intelectual em uma reflexão de segundo nível (diretamente em seus livros ou em textos separados), em relação com a grande tradição filosófica de Kant e Hegel.

Foucault escrevia livros – de história ou de filosofia – "para não ter mais rosto" (*A arqueologia do saber*), divertindo-se com as tentativas de classificação de que era objeto. Desejando se desprender de si mesmo em cada um de seus livros, paradoxalmente viu-se na "vertical" de si mesmo (*O uso dos prazeres*).

Intelectual francês, teve, a partir do final dos anos 1960, público francês e internacional análogos aos de Jean-Paul Sartre nas duas décadas precedentes. No entanto, não queria ser um intelectual universal na linha de Émile Zola, como Sartre, *acusando* em nome de uma humanidade abstrata ou conduzindo ao *engajamento* um leitor supostamente enclausurado em sua biblioteca. Sim, ele também se sentiu tentado a assumir essa posição, mas o essencial de seu trabalho se baseia sobre uma importante documentação e dá *aos* públicos instrumentos de compreensão e combate relativos. E as *posições* militantes do intelectual Foucault não parecem fáceis de unificar, porque ele foi chamado de gaullista, anarquista, esquerdista, marxista, antimarxista.[1] No início dos anos 1980, dialoga com a CFDT (Confédération Française Démocratique du Travail) e empreende ações com Bernard Kouchner e Yves Montand.

---

1. *Dits et écrits* IV, p. 593.

Autor paradoxal, Foucault questionou a função "autor" em uma célebre conferência[2], unificando forte e constantemente seus próprios livros. O desafio que a obra impõe é restituir essa dinâmica interna (cada livro é encadeado aos precedentes) e externa (cada livro é encadeado ao mundo). Michel Foucault escreve livros *em série*; por esta razão seguiremos a ordem cronológica: o primeiro livro "deixa em aberto problemas sobre os quais o segundo se apóia e induz a um terceiro".[3] Apresentaremos os principais momentos e os principais conceitos de sua obra, não sem indicar a existência de um problema a respeito dessa singularidade: Foucault pensa que a loucura é a "ausência de obra" (título de um de seus artigos).

Assim, sob o nome de "Michel Foucault" – nome de autor, professor e intelectual – foi realizado "um trabalho de modificação de seu próprio pensamento e do pensamento dos outros". Questionaremos essa idéia de pensamento *próprio* depois de aprendermos algo sobre ele.

---

2. *Dits et écrits* I, n° 69.
3. *Dits et écrits* IV, p. 68.

1
Foucault antes de Michel Foucault

Os primeiros trabalhos de Foucault trazem a marca da situação pessoal de um jovem filósofo. Em 1950, quando estuda na École Normale Supérieure, inscreve-se no Partido Comunista Francês a convite de Althusser[1] (que preparava os estudantes da instituição para o concurso de ingresso no magistério secundário) e se interessa pela psicologia. Entra no hospital psiquiátrico Sainte-Anne em 1951 e se torna assistente de psicologia na Universidade de Lille em 1952. Seu primeiro texto é um prefácio para a tradução de *Rêve et l'existence* [*Sonho e existência*] de Ludwig Binswanger[2] – ali já cita René Char, que o acompanhará até os últimos livros.

O primeiro livro de Foucault é *Maladie mentale et personnalité* (1954), negado e depois modificado com o título *Maladie mentale et psychologie* [*Doença mental e psicologia*] (1962). Na primeira edição, Foucault procura dar uma apresentação da psicologia e da loucura segundo os conceitos de Binswanger e de Pavlov; as correções da segunda edição levam em conta sua tese (defendida em 1961).

---

1. Louis Althusser (1918-1990), cujo anti-humanismo teórico "retorna" a Marx, como Lacan volta a Freud.
2. Ludwig Binswanger (1881-1966), psiquiatra e psicanalista suíço, inspirou-se na fenomenologia de Heidegger em sua prática.

É a partir desta, da qual a tradução inglesa parcial se encontra com a antipsiquiatria, que Foucault se torna um autor cuja influência aumentará cada vez mais, e cujo trabalho, desenvolvendo-se em direção a novos terrenos, não cessará de se auto-interpretar. De 1961 a 1976, esse trabalho se apresenta sob os conceitos de *arqueologia* e *genealogia*. O primeiro vem de Kant, o segundo de Nietzsche.

Em 1961, a *História da loucura* é uma "arqueologia do saber"[3] da loucura; em 1963, *O nascimento da clínica* é uma "arqueologia do olhar médico"; em 1966, *As palavras e as coisas*, "uma arqueologia das ciências humanas"; em 1974, *Vigiar e punir*, um estudo do "surgimento da prisão". *A história da sexualidade* se apresenta, em 1976, como uma "arqueologia da psicanálise" – antes que o "recentramento geral deste vasto estudo sobre a *genealogia* do homem de desejo"[4] leve Michel Foucault a deixar de lado esta palavra e a reler os clássicos greco-romanos (enquanto os outros livros referiam-se aos últimos quatro séculos).

O conceito de *arqueologia*, introduzido inicialmente como um jogo de palavras, "a descrição do arquivo", será definido, em relação a Kant, como "a história do que faz necessária uma certa forma de pensamento".[5] Assim como Kant procurava descrever as estruturas *a priori* (independentes da experiência) do conhecimento científico e da ação moral ou política, Foucault procura rastrear o *a priori histórico* do saber e do poder. E, assim como Kant não deixava de se questionar sobre o estatuto de seu próprio discurso em relação ao período *iluminista* e a estas estruturas

---

3. A expressão está na *História da loucura* (p. 265 da edição francesa; ed. bras., p. 246), mas não é tematizada.
4. Michel Foucault, texto introduzido no segundo volume da *História da sexualidade*, p. 18 (ed. bras., p.16).
5. *Dits et écrits* I, p. 786, e *Dits et écrits* II, p. 221.

(da razão), Foucault finalmente refletiu sua situação ao comentar o artigo "O que é o Iluminismo?", de Kant, e ao reinterpretar *o cuidado de si* dos estóicos romanos. A comparação se detém aí, porque o principal inimigo de Foucault é a tradição universalista e humanista emanada de Kant, que ele chama de "sono antropológico" – o que pode levar os leitores a classificar Foucault entre os irracionalistas.

O conceito de *genealogia* provém claramente de Nietzsche. Foucault disse muitas vezes que procurava fazer a genealogia da moral de nossos costumes e de nossas instituições modernas: escola, prisão, hospital, fábrica, casamento.

Heidegger interessava ao comentador de Binswanger, e, numa entrevista posterior, Foucault disse que Nietzsche e Heidegger eram os autores com os quais pensara sua obra.[6] Certamente, o estatuto da morte em O *nascimento da clínica* e o anúncio do desaparecimento do homem em *As palavras e as coisas* têm muito a ver com esses dois autores, mas é com Kant que Foucault vai se explicar ao longo de todo o seu percurso. Sua tese complementar, inédita, é sobre a *Antropologia* de Kant, que ele traduz e publica com um rápido comentário[7]; o final de *A arqueologia do saber* é um diálogo entre o arqueólogo e *seu outro*, o filósofo kantiano; e a "estética da existência" é sustentada, contra a compreensão kantiana do dever, em seus últimos livros através das fórmulas diretamente provenientes da *Crítica da faculdade do juízo* (1790).

Em suma, Michel Foucault *joga* Nietzsche e Heidegger *contra* Kant.

---

6. *Dits et écrits* IV, p. 780.
7. Cf. R. Terra, "Foucault lecteur de Kant: de l'anthropologie à l'ontologie du présent", in J. Ferrari (Org.), *L'année 1798: Kant et l'anthropologie*, Paris, 1997, p. 159-71; e B. Han, *L'ontologie manquée de Michel Foucault*, Grenoble, 1998.

2
História da loucura (1961)

O título da tese de Foucault, *Folie et déraison, histoire de la folie à l'âge classique* [*Loucura e desrazão, história da loucura na era clássica*], indica que, ao contrário do que se pensava na era clássica (séculos XVII e XVIII), a loucura e a desrazão não são idênticas. Foucault parte da situação da loucura no final da Idade Média e termina lembrando a psiquiatria, a psicanálise e os poetas loucos (Hölderlin, Artaud, etc.). Esse livro pode surpreender: tese universitária, qualificando seu autor para uma função professoral, não tem feitio acadêmico. Foucault não pensa o limite entre loucura e desrazão na neutralidade do discurso racional, no grau zero do estilo dos discursos acadêmicos destinados ao universal, mas numa linguagem singular, cheia de imagens. Deste ponto de vista, a tese, defendida em um departamento de filosofia, está no limite da filosofia, da história e da literatura. Durante muito tempo Foucault não saberá situar muito bem seu trabalho... como se, para mudar a história (na qualidade de disciplina e de processo), o estilo poético cruzasse a racionalidade do objetivo, a fim de manter uma ambigüidade na posição do escritor: Michel Foucault não é louco, e sim o autor de uma tese universitária que enuncia a diferença entre a desrazão e a loucura – Michel Foucault não é acadêmico, e sim poeta, acolhendo a loucura contra sua redução racionalista à des-razão. Relembremos primeiramente algumas imagens fortes do livro.

Imagens

Duas imagens estão presentes em todos os estudos de história da psiquiatria: a da libertação dos alienados de Bicêtre por Philippe Pinel e a do *Asilo* de Tuke.

> A respeitável sociedade dos quacres [...] desejou garantir aos membros que tivessem a infelicidade de perder a razão sem dispor de uma fortuna suficiente para recorrer aos estabelecimentos dispendiosos, todos os recursos da arte e todos os confortos da vida compatíveis com seu estado; [...] [o asilo é uma] casa situada a um quilômetro e meio de York, no meio de um campo fértil e aprazível; não é absolutamente a idéia de uma prisão que ele apresenta, mas antes a de uma grande fazenda rústica...

Na França, o revolucionário Couthon visita o hospital Bicêtre à procura de suspeitos (para a guilhotina):

> Pinel o levou para a ala dos agitados, onde a visão dos alojamentos o impressionou dolorosamente. Ele quis interrogar todos os doentes. Da maioria recebeu apenas insultos e censuras grosseiras. [...] Voltando-se para Pinel: "Ah, cidadão, serás doido para desejar tirar os grilhões de semelhantes animais?" Pinel respondeu calmamente: "Cidadão, estou convencido de que estes alienados estão assim intratáveis apenas por estarem privados de ar e de liberdade".[1]

---

1. *Histoire de la folie*, p. 483-4. Foucault cita uma carta datada de 1798 e um texto de Scipion Pinel, de 1836. [Ed. bras., *História da loucura na Idade Clássica*, 6. ed., São Paulo, Perspectiva, 2002, p. 459-60.]

A essas imagens, pelas quais a psiquiatria ilustra e justifica o exercício de seu poder e a possibilidade de seu saber, Michel Foucault *opõe* as da Nave dos Loucos, do Grande Confinamento, do Grande Medo – e *contesta* a pretensão emancipadora do discurso da psiquiatria.

A nave dos loucos é um tema literário e pictórico em moda no Renascimento.

> O quadro de Bosch certamente pertence a toda essa frota de sonho.
> Mas de todos esses navios romanescos ou satíricos, o *Narrenschiff* é o único que teve uma experiência real, pois existiram esses barcos que levavam sua carga insana de uma cidade a outra. Os loucos tinham uma existência facilmente errante. As cidades os expulsavam de bom grado de seu meio. (p. 19; ed. bras., p. 9)

Diante dessa imagem barroca da errância, temos uma outra imagem, característica da experiência *clássica* da loucura: *o grande confinamento*. O leprosário subsistia como uma estrutura vazia após o desaparecimento da lepra (p. 16; ed. bras., p. 6), a loucura vai povoá-lo.

> Pouco mais de um século depois da sorte das naves dos loucos*, aparece o tema literário do "hospital dos loucos" [...] Sabe-se muito bem que o século XVII criou enormes casas de confinamento; mal se sabe que mais de um em cada cem dos habitantes da cidade de Paris por alguns meses aí se viu confinado. (p. 53, 59; ed. bras., p. 42, 48)

E esses loucos, encerrados no que se tornará o asilo psiquiátrico, despertam *o medo*:

---

* Referência às embarcações nas quais os loucos eram colocados errando pelos mares. (N. R. T.)

> Agora a terra do confinamento adquiriu seus próprios poderes; tornou-se, por sua vez, a terra natal do mal e doravante poderá disseminar-se por si mesma e fazer reinar um outro terror. Bruscamente, em poucos anos, por meados do século XVIII, surgiu um medo. Medo que se formula em termos médicos, mas no fundo animado por todo um mito moral. Amedrontados por um mal bastante misterioso que, diziam, se espalharia a partir das casas de confinamento e logo ameaçaria as cidades. (p. 375; ed. bras., p. 353)

Por essas três imagens vemos o mundo barroco, o clássico e o moderno – e a tese mostrará com precisão, em cada uma de suas partes, o *conceito fundamental* de cada um desses mundos. O louco do período barroco era de cidade em cidade, o louco da era clássica perde esta liberdade infeliz no confinamento, o louco da era moderna é medicalizado.* Imagens como essas não são realistas (como fotografar o louco de uma era?... e o que é uma era?) nem fictícias – o decreto de Luís XIV existiu! Uma imagem não pode ser uma simples cópia do real, como sabem os pintores e os historiadores: é constituída por uma atividade. Certamente é paradoxal que a razão psiquiátrica se institua por meio das imagens de Tuke e Pinel e não por um simples discurso científico, objetivo, conceitualizado. Essas imagens têm funções na história da psiquiatria, e as imagens de Foucault têm uma função crítica.

Construindo suas próprias imagens, Foucault dá unidade a seus argumentos, documentos e interpretações, permitindo que o leitor memorize o discurso durante a leitura. As imagens têm uma função constitutiva (constituir a unidade mental ao juntar a diversidade) ou uma

---

* Medicalização: procedimento de apropriação do louco pelo saber-poder da medicina psiquiátrica. (N. R. T.)

função ilustrativa (manter a atenção ligando os elementos unificados por conceitos).

Contudo, as imagens de Michel Foucault, ilustrativas ou constitutivas, também são polêmicas. Ele opõe ficções a outras ficções para derrubar a base imaginária do saber-poder da psiquiatria. Deste ponto de vista, a tese é antes de mais nada um ato político, porque o "político" *trabalha* (em) uma confrontação de forças materiais e imaginárias: epopéias, cantos de despedida, narrativas de emancipação, ruídos da batalha... No sentido mais amplo, a situação política em que a *História da loucura* se inscreve é o mundo moderno pensado por Hegel, despertando as críticas de Nietzsche e Marx no século XIX, ou provocando as críticas da antipsiquiatria no século XX (os psiquiatras Cooper, Laing, Basaglia, etc., recusando-se a continuar tratando os loucos como doentes). No primeiro livro de Foucault (1954) a referência a Pavlov funcionava como uma referência marxista ortodoxa[2], indicando uma ligação. Ao contrário, *História da loucura* recorre apenas ao ato da escrita. Sua crítica "política" não participa de um *nós* previamente constituído (*nós*, os antipsiquiatras, ou *nós*, os nietzschianos, os marxistas, os anarquistas, etc.), mas forma uma comunidade de ação *a partir* do trabalho em andamento.[3] Em sua linguagem mística, Sartre talvez falasse de um grupo em fusão. Todavia, o grupo ao qual se misturará Foucault como autor não é a única possibilidade: nenhum grupo *espera* seu livro, mas alguns nele encontram "ferramentas", como numa "caixa"[4] de múltiplos usos, fabricada num contexto independente.

---

2. O conceito de reflexo condicionado permitia aos leitores marxistas de Pavlov (1849-1936, prêmio Nobel e fundador da psicologia soviética) contestar o subjetivismo e o espiritualismo.
3. *Dits et écrits* IV, p. 594 e *Dits et écrits* II, p. 681.
4. *Dits et écrits* II, p. 523.

Hegel

A exata separação entre um discurso puramente intelectual e um discurso de imagens não é, então, inteiramente possível na situação moderna, hegeliana, do conhecimento. Seguindo um simbolismo cristão, Hegel na verdade quer dar um rigor conceitual às experiências de Tuke e Pinel resumidas no "grande mito da alienação" (p. 501; ed. bras., p. 476). Segundo Hegel, a positividade da psiquiatria encontra-se no fato de que nela o louco já não é mais tratado como Estranho ou Animal, mas como um ser humano parcialmente privado de razão. O louco permanece "cativo de uma determinação particular do que sente sobre si"[5] – sem poder por si mesmo se unir ao mundo moderno. Os métodos morais do tratamento da loucura, instituídos por Pinel e por Tuke, buscam esses reencontros do homem e da modernidade. *É isto que Michel Foucault contesta.* Esses reencontros seriam a perda de algo sobre o qual o trabalho de Foucault testemunha ou o obstáculo a algo que ele anuncia. Mas, antes de chegar a esse algo, examinemos o método.

Método

Trata-se de "fazer a arqueologia de uma alienação", de compreender que gestos causam *a exclusão* na era clássica e depois, na era moderna, *a medicalização*, desses homens. Trata-se de marcar os limites ou os cortes no tempo histórico por grandes períodos.

Foucault contesta "o preconceito de método" – comum aos historiadores da psiquiatria e "à maioria dos marxistas" – de uma continuidade entre a experiência social da

---

5. Cf. A. Stanguennec, "Hegel dans une histoire de la folie", *Études post-kantiennes*, I, Lausanne, 1987, p. 104.

loucura e seu conhecimento científico pela psiquiatria, considerando-se que este dá precisão ao conhecimento abordado por aquela. Nesse método histórico, a loucura é um objeto permanente e o tempo modifica apenas o conhecimento que dele se tem. Ora, a *percepção* barroca da loucura não é a percepção clássica ou moderna, e as *estruturas* dessas experiências não são as mesmas. Uma história da loucura não é uma história da psiquiatria, mas da emergência conjunta desta e de seu objeto. É claro que a estrutura institucional e teórica não é a mesma para o bobo da corte, para o Quixote, para Artaud ou para Althusser. A Serpente que curou madame de Sévigné de seus vapores não é evidentemente o mesmo gênero de tratamento das duchas ou das lobotomias do século XX – e esses tratamentos se distinguem da crueldade clássica que deixa que os ratos, para escapar da subida das águas, rasguem "os pés, as mãos e o rosto" dos loucos (p. 163; ed. bras., p. 148-9). *Foucault não ignora a crueldade do mundo clássico mas se recusa a considerar o humanismo e os métodos morais da modernidade como um progresso.* A percepção do louco muda, mas não progride – e chega mesmo a regredir! A era clássica *perde* a proximidade da loucura que erra no mundo excluindo os loucos na internação; a era moderna *perde* a vigília clássica da loucura medicalizando a desrazão. A tese de *História da loucura* fere o humanismo sustentando que o progresso passa pela libertação dos loucos e pela medicalização da loucura e se distingue das críticas *reacionárias* de Pinel.[6]

---

6. *Histoire de la folie*, p. 92, nota (ed. bras., p. 79); p. 416, nota 1 (ed. bras., p. 393); p. 454 (ed. bras., p. 432-3).

A desrazão clássica e a culpabilidade

A periodização de Foucault em barroco, clássico e moderno não é um esquema rígido – a consciência *trágica* da loucura está tão bem em Bosch e Brueghel quanto em Cervantes, Shakespeare, Van Gogh, Artaud, Nietzsche ou no último Freud. Contudo, a experiência clássica da loucura se diferencia da experiência do mundo do Renascimento, no mínimo na medida em que Montaigne pode se presumir louco enquanto Descartes pode excluir essa idéia.[7]

No Renascimento, a loucura é manifestação cósmica a interpretar. *A era clássica rompe com essa compreensão barroca, mas sua exclusão da loucura é também uma vigília da desrazão.* Se Descartes exclui a possibilidade de ser louco durante sua meditação, é precisamente porque tem consciência de que sua liberdade poderia fazê-lo cair na desrazão.

> Mas que estes sejam loucos (*sed amentes sunt isti*) e eu não seria menos extravagante (*demens*) se me pautasse por seus exemplos.[8]

O homem clássico do livre-arbítrio pensa ter a opção da loucura ou da razão. Apresenta-se como razão ao excluir a desrazão[9], com uma exclusão teórica e jurídica.

---

7. *Essais* I, 26, e *Méditation première*.
8. Descartes, *Méditation première*. [Ed. bras., *Meditações sobre filosofia primeira*, Campinas, Edições Cemodecon/IFCH-UNICAMP, s. d., § 4.]
9. *Histoire de la folie*, p. 157 (ed. bras., p.141) e p. 175 (ed. bras., p. 155). Em *L'écriture et la différence* [ed. bras., *A escritura e a diferença*, trad. de Maria Beatriz Nizza da Silva, São Paulo, Perspectiva, 2002], Derrida contestou a leitura que Foucault faz do trecho da *Méditation* em que Descartes distingue *amentes* e *dementes*. Foucault respondeu mostrando com precisão como Derrida não prestou suficiente "atenção ao texto e a todas as suas pequenas diferenças" (*Dits et écrits* II, p. 255)! Por manter uma reserva de comentários indefinidos sobre o texto, Derrida deixou escapar as diferenças *discursivas* de que procedem as diferenças *textuais*. Essas

A era clássica se caracteriza, portanto, por uma modificação da experiência barroca da loucura. Para o classicismo, ela se tornou uma relação imaginária do homem consigo mesmo, uma vã presunção que a crítica moral denuncia, a identificação romanesca do Quixote, o justo castigo de *lady* Macbeth, a paixão desesperada do rei Lear. A loucura não é mais uma manifestação cósmica e ainda não é a permuta lírica do romantismo.

> A loucura se torna uma forma relativa à razão, ou melhor, razão e loucura entram numa relação perpetuamente reversível que faz que toda loucura tenha sua razão que a julga e a domina, e toda razão tenha sua loucura na qual encontra sua verdade derrisória. Cada uma é medida da outra, e nesse movimento de referência recíproca as duas se recusam, mas uma fundamenta a outra. (p. 41; ed. bras., p. 30)

Em 1657, 1% da população parisiense é confinada com o *objetivo* de ajudar e de reprimir. O protestantismo e o catolicismo despojaram a pobreza de sua dimensão mística (p. 67-70 e p. 70-3; ed. bras., p. 56-9 e p. 59-62); para o pensamento burguês e para a ordem real, o Pobre não passa de condescendência e culpa. O Pobre que se compraz em sua ociosidade deseja obrigar Deus ao domínio miraculoso

---

diferenças discursivas são a *demonstração* e a *ascese*: o texto cartesiano desenvolve um sistema lógico de proposição e convida o sujeito que medita a um trabalho sobre si. Este se baseia numa partilha de princípio, uma exclusão da desrazão pelo racionalista, como preliminar para *sua* meditação, exclusão essa que o médico imporá de fora na terapia do despertar (*Histoire de la folie*, p. 348; ed. bras., p. 327). Evidentemente, esta ascese presume a possibilidade da loucura, enraizada na liberdade da escolha. Essa resposta a Derrida é emblemática do método foucaultiano – voltaremos a encontrá-la na crítica do "marxismo brando" *que comenta* Marx em vez de fazer análises históricas (*Dits et écrits* II, p. 407, a propósito de um texto do althusseriano E. Balibar).

do céu inconstante, e o confinamento é uma medida *policial* destinada a dar trabalho aos que não podem viver sem ele. O confinamento procede da idéia burguesa, presente sob a monarquia e depois sob a república, de que a virtude é uma questão do Estado. Os loucos não são os únicos a apresentar a desrazão; no hospital geral encontra-se toda uma população de pessoas atacadas por doenças venéreas, de libidinosos, perdulários, homossexuais, blasfemadores, alquimistas e libertinos. Essa *percepção* da desrazão certamente ocorre a partir da razão: é a rejeição de seu Outro, do que não chega a se integrar ao grupo, que perde a razão comum, que *escolhe* a revolta. A loucura era *sagrada*, tornou-se *imoralidade profana*. Esta experiência moral da desrazão, sustenta Foucault, serve de "solo" (p. 121; ed. bras., p. 107) para a psiquiatria moderna, de modo que a pretendida neutralidade científica desta encontra-se aí afetada. Essa consciência ética, presente em todas as *Meditações* de Descartes sob o nome de gênio *maligno* (p. 175; ed. bras., p. 160), exclui o louco, o Outro, "estranho à semelhança fraternal dos homens entre si" (p. 149; ed. bras., p. 134). No hospital geral, portanto, não se trata de cuidar (oitenta tratados para mil internados), mas de amontoar (138 para sessenta leitos) e de ultrajar.

A loucura é o homem que *escolheu* a desumanidade. É o monstro que não se trata mais de corrigir, mas de mostrar, é a Besta, a ferocidade animal que protege do frio, é a outra possibilidade do homem. Impossibilidade de cuidar do irmão assim excluído, porque ele está excluído. A era clássica consegue aproximar médicos e doentes no espaço do hospital, mas não é capaz de desenvolver uma terapêutica. Não obstante, ao contrário do positivismo que, herdando a constituição da loucura como objeto, tentará tratá-la na teoria e na prática, a era clássica *mantém vigília* sobre a desrazão no momento mesmo em que a exclui. Se a presença do tema do gênio maligno em todas as

Meditações simboliza essa situação, a presença de Descartes ao longo de toda a *História da loucura*[10] atesta a permanência em Foucault do conceito cartesiano do livre-arbítrio, anterior à exclusão racionalista.

Foucault sustenta que a libertação dos loucos por Pinel, símbolo da psiquiatria positivista, não modifica a exclusão do outro, mas a presume e reforça – presume, pois os loucos são reunidos pelo julgamento clássico (o homem que perde a razão é louco, e vice-versa); e a reforça, pois a medicalização torna impossível qualquer comunicação autêntica entre o sujeito conhecedor (o médico) e o objeto conhecido (o doente mental). Pela introdução de um diário de asilo, Cabanis transforma o internado de animal em objeto. O fascínio pelo monstro cede lugar ao encadeamento determinista. "Por mais próxima que esteja de seu espírito e de seu coração", a loucura jamais será para o homem razoável senão um objeto (p. 463; ed. bras., p. 439).

A ironia de Foucault ao denunciar a solicitude moderna em relação ao louco provém de uma revolta diante da fraternidade achincalhada pelo confinamento – pode-se dizer que, *a partir do conceito cartesiano da liberdade*, ele recusa a separação clássica operada pelo racionalismo de Descartes. O apoio que Foucault recebe dos poetas lhe permite apreender a anterioridade da liberdade em qualquer inscrição de uma forma racional. A vontade é livre antes de ser vontade de verdade. O louco sagrado da Idade Média e o louco satírico do Renascimento possuem uma dignidade; o louco clássico, o animal estranho aos outros, ainda possui, paradoxalmente, a dignidade de "acorrentar-se à sua loucura" (p. 532; ed. bras., p. 506). Como o sujeito cartesiano que pode recusar ou aderir à

---

10. *Histoire de la folie*, p. 56-8, 114, 156, 175, 199, 244, 251, 262, 308, 347, 348, 363, 368, 370, 480, 535 (ed. bras., p. 45-47, 100, 141-2, 160, 183, 226, 233, 243, 288, 325-7, 341, 346, 348, 455, 509).

ordem divina das verdades eternas, ele é sujeito livre diante *da* verdade. O louco da era clássica não fazia "uma única e mesma coisa com sua loucura", enquanto o louco moderno tornou-se estranho *a si*: se ele não se torna livre conforme e dentro das instituições do mundo moderno, ele se encerra em *sua* própria verdade.

Terapêutica

A loucura é negação da razão, des-razão. Como tal, não-ser. A constituição da loucura estabelece-a previamente como contranatureza. Ora, uma terapêutica presume que se reconheça uma certa realidade natural à doença. Essa cisão, em que o louco e a loucura jamais podem coincidir, é própria de "uma era de entendimento" (p. 223; ed. bras., p. 206): o louco é o homem que escolhe o irracional; mas, enquanto doença, a loucura tem seu lugar em "um jardim de espécies", tem uma racionalidade proveniente da previsão divina (retomada do antigo tema de uma sabedoria da loucura, do tema moderno da racionalidade das paixões através da mão invisível). Dessa cisão provém a impossibilidade de compreender as terapêuticas do século XVIII como esboço de curas psicológicas ou fisiológicas, já que para elas o louco está inteiramente mergulhado em sua loucura. O medo, a música ou a cólera não antecipam os métodos morais de Pinel mais do que a inoculação da sarna ou "o mel, a fuligem de chaminé, o açafrão oriental, os tatuzinhos da areia, o pó de patas de caranguejo e o bezoar jovial" (p. 330-2; ed. bras., p. 310-2) não antecipam de modo desastrado as terapias químicas.

Como a loucura em sua essência é *não-ser*, é preciso que essa negatividade permaneça nas descrições de doenças. Foucault mostra como *imagens* dão uma unidade à desrazão, à mania, à melancolia. O ciclo maníaco-depressivo é, por exemplo, explicado por "um fogo secreto em que lutam chamas e fumaças", a histeria por uma sensibilidade *simpática* do corpo feminino que o condena aos vapores, enquanto a firmeza do corpo masculino o torna suscetível à hipocondria. Foucault indica o caráter histórico do objeto "loucura": enquanto na antiga percepção a histeria está associada aos movimentos estranhos do útero no corpo, no século XVIII ela se torna o "efeito psicológico de uma falta moral" (p. 315; ed. bras., p. 294). Para tanto, foi preciso substituir a idéia de simpatia pelo conceito de irritabilidade das fibras nervosas – já não se está mais doente de uma violência grande demais, mas de uma sensibilidade grande demais.

Surgimento do asilo a partir do medo

A terapêutica moderna não provém de uma generosidade humanista aliada a uma curiosidade positivista. A modernidade distingue o louco do criminoso, mas é o *medo* inspirado pelos internos que move os médicos no hospital geral. O medo dos monstros, mas logo o medo de enlouquecer pelo excesso de civilização, de se enforcar, como os ingleses, para passar o tempo. O medo de um afastamento da vida sadia do sonho rousseauniano, o medo das conseqüências do progresso, da degeneração, do afastamento do homem diante de si mesmo. O animal, que era a bestialidade ameaçadora no homem, torna-se então um símbolo da tranqüilidade natural.

Essa inversão característica do Iluminismo dá um sentido aos mitos. No *Asilo*, é a simplicidade rústica que vai curar o homem doente da civilização. No *Bicêtre*, os que Couthon chamava de animais tornam-se os personagens sociais que dormitavam sob a loucura – o soldado fiel, o capitão inglês, o bom empregado. Esses tipos sociais formam "a cidade das obediências essenciais" (p. 500; ed. bras., p. 475) – o homem que deixa a loucura volta a ser cidadão.

Mas o medo da loucura também está presente *dentro* do confinamento. E, ao medo interno e externo da loucura, junta-se uma crítica econômica da internação: encerrar o pobre em vez de fazê-lo trabalhar sob a pressão da necessidade (reforçando apropriadamente a repressão à vagabundagem, etc.) é uma aberração...

O asilo surge, portanto, em uma situação econômico-religiosa ligada à ascensão da burguesia (Tuke) ou nas ambigüidades da Revolução (Pinel, o republicano visitado por Couthon e saudado pela Restauração). Ele visa essencialmente ao aprisionamento da loucura em um mundo moral, de sinal invertido em Tuke e Pinel: a segregação religiosa do quacre responde à segregação laica do francês que deseja curar os delírios do catolicismo do Antigo Regime.

> O asilo da era positivista, aquele pelo qual se glorifica Pinel por sua fundação, não é um livre campo de observação, de diagnóstico e de terapêutica; é um espaço judiciário onde se é acusado, julgado e condenado e do qual não se é libertado senão pela versão desse processo na profundeza psicológica, ou seja, pelo arrependimento. A loucura será punida no asilo, mesmo sendo inocentada fora dele. Por muito tempo, e até nossos dias pelo menos, ela está aprisionada em um mundo moral. (p. 523; ed. bras., p. 496)

Paradoxo ou verdade profunda, é a figura *mágica* do médico "taumaturgo" – o psiquiatra, mais tarde o psicanalista – que assegura esse papel normalizador da solicitude humanista, mantendo-se à parte das terapêuticas da era positivista. Se no decorrer do livro podíamos acreditar que Foucault reconhecia a Freud o mérito de, ao contrário da psicologia ou da psiquiatria, restabelecer a possibilidade de um diálogo com a desrazão (p. 360 e nota da p. 383; ed. bras., p. 337-8 e nota da p. 361), no final ele *opõe* Freud e os poetas:

A psicanálise não pode e não poderá escutar as vozes da desrazão nem decifrar por si mesmos os sinais do insensato. A psicanálise pode desvendar algumas das formas da loucura; ela permanece estranha ao trabalho soberano da desrazão. Ela não pode liberar nem transcrever, nem, com maior razão ainda, explicar o que há de essencial nesse trabalho. Desde o final do século XVIII, a vida da desrazão só se manifesta na fulguração de obras como as de Hölderlin, Nerval, Nietzsche ou Artaud – indefinidamente irredutível a essas alienações que saram, resistindo por sua própria força a esse gigantesco aprisionamento moral que se tem o hábito de chamar, certamente por antífrase, a libertação dos alienados por Pinel e por Tuke. (p. 530; ed. bras., p. 503)

Críticas

Antes de concluir, vamos expor a interpretação feita por Foucault de seu trabalho, depois de algumas críticas dirigidas ao livro desde sua publicação.

1) Apóstolo e exegeta

A primeira interpretação interna do trabalho de Foucault é, no próprio livro, a posição de "apóstolo e exegeta" de seu autor. Essa posição complexa e sutil em que ele mesmo se coloca passa por um afastamento, em linguagem hegeliana, da filosofia kantiana da reflexão; por um distanciamento, em um comentário do *Sobrinho de Rameau*, da filosofia especulativa de Hegel; enfim, por um debruçar-se sobre a loucura presente em Goya, Artaud, etc.

Caracterizando o período clássico como "uma era de entendimento", Foucault usa uma expressão de Hegel visando à cisão sujeito/objeto em Kant; seu valor pejorativo em Hegel recomenda que a filosofia pense na reconciliação "especulativa" entre o mesmo e o outro, o idêntico e o diferente. Foucault mantém o pejorativo, mas recusa a reconciliação. Ele recusa uma compreensão "especulativa" (hegeliana) da era moderna, recusa que a era pineliana ou napoleônica seja um progresso e última etapa da autoformação do espírito. Não compreende a extravagância do *Sobrinho* em relação ao conceito especulativo, "que reúne os pensamentos fortemente separados uns dos outros aos olhos da honestidade".[11] A esplêndida "Introdução" da terceira parte faz do *Sobrinho* uma leitura emblemática da tese de Foucault – o texto de Diderot é um relâmpago irônico na era do entendimento. Como o louco medieval, o sobrinho de Rameau é bufão derrisório e poder de derrisão – mas também sofre a pressão da fome. Ele é o "enfrentamento trágico da necessidade e da ilusão num modo onírico que anuncia Freud e Nietzsche [...] a repetição irônica do mundo, sua reconstituição destruidora no teatro da ilusão" (p. 369; ed. bras., p. 347), a desrazão presente desde o menor ato de expressão, a vertigem como verdade do mundo. Reencontraremos isto em Nerval, Hölderlin, Artaud, Roussel: a conversão poética e a evolução psicológica. Enquanto Hegel ultrapassa a expressão poética do elemento especulativo em sua compreensão especulativa, Foucault se mantém na expressão poética sobre a qual velam os poetas modernos que recusam compreender especulativamente o mundo, os poetas que recusam a reconciliação com a loucura do mundo.

Como a violência em Goya ou Sade permite "encontrar a experiência prática além das promessas da dialética" (p. 554; ed. bras., p. 527), a loucura de Artaud, Van Gogh e Nietzsche é o desmoronamento, a inação em que o mundo experimenta sua culpabilidade.

---

11. Hegel, *Phénoménologie de l'esprit*, tradução para o francês de J.-P. Lefebvre, Paris, 1991, p. 353.

A loucura em que se precipita a obra é o espaço de nosso trabalho, é o caminho infinito para conseguir terminá-lo, é nossa vocação mista de apóstolo e de exegeta. (p. 557; ed. bras., p. 530)

O Foucault exegeta interpreta as loucuras de Roussel e de Artaud como sintomas da loucura do mundo burguês – mas o apóstolo prega um culto pouco explicitado: Dionísio? A liberdade? Contra a loucura do mundo moderno "racional", o transbordamento nietzschiano que encontramos no paganismo de Lyotard e no retorno da diferença singular em Deleuze[12] – ou o livre cuidado de si das sabedorias antigas? Nos anos 1970 leremos um Foucault próximo de Deleuze e Lyotard; depois de 1975, a ruptura com o freudo-marxismo será consumada.

Em seguida, a perspectiva pela qual Michel Foucault examina sua tese supõe um complexo distanciamento e uma identificação entre o jovem autor de *História da loucura* e o que ele se tornou – ou seja, no mínimo: a) o professor universitário em relação com seus colegas, b) o autor de *As palavras e as coisas* ou da *História da sexualidade* reavaliando seu trabalho, c) o militante do Grupo de Informação sobre as Prisões em relação com o movimento antipsiquiátrico e com outros grupos políticos.

Na aula inaugural no Collège de France, Foucault repete que a psiquiatria e a psicanálise mantêm o louco fora da comunidade fraterna dos iguais.[13] O prefácio da edição de 1972 recusa "justificar esse livro velho" ou dar-lhe uma interpretação ortodoxa, "segundo a monarquia do autor"[14]

---

12. P. Billouet, *Paganisme et postmodernité: J.-F. Lyotard*, Paris, Ellipses, 1999, p. 40; Alberto Gualandi, *Deleuze*, Paris, Les Belles Lettres, 1998, p. 83 (ed. bras., *Deleuze*, São Paulo, Estação Liberdade, 2003, p. 80).
13. *L'Ordre du discours*, p. 13.
14. *Histoire de la folie*, p. 8. (ed. bras., p. VIII). Cf. *Dits et écrits* II, p. 209; *Dits et écrits* III, p. 619; *Dits et écrits* IV, p. 21.

– esse prefácio libera o livro a suas vidas possíveis. Seguindo essa linha de não-intervenção, Foucault pode juntar, como primeiro apêndice à reedição, um artigo de 1964 que elogia uma interpretação não-psicológica de Freud (Lacan) e apontar uma mutação que separa, de Roussel a Nietzsche, doença mental de loucura. O texto anuncia o desaparecimento do "homem, postulado passageiro"[15]: seu acréscimo significa que uma das vias possíveis do livro é o percurso de seu autor, que publica um *Raymond Roussel*, em 1963, e um poderoso diagnóstico do desaparecimento do homem, em 1966 (*As palavras e as coisas*). Contudo, na mesma edição, o acréscimo do polêmico artigo contra Derrida (já citado) assegura e singulariza o poder intelectual do professor Foucault no campo universitário, reforçando a leitura de Descartes que o livro de 1961 proporcionava. Já não se trata mais de *liberar* o livro, mas de *sustentar*, contra outros, sua tese central sobre a era clássica.

Em 1972, Foucault reescreveria o livro "com menos retórica", segundo Claude Mauriac[16] – talvez o "estruturalista" que ele se tornara em 1966 recusasse o uso ainda fenomenológico que a *História da loucura* fazia da idéia da experiência. Desde 1969 Foucault é um "positivista feliz"[17] e, em 1975, recusava a "sacralização literária de Sade"[18] da qual participou ao lado de Bataille ou Klossowski nos anos 1960. O essencial então não é mais a consciência trágica da loucura (presente nos poetas e na retórica de Foucault), mas a exposição clara das *estruturas* das experiências da loucura.[19] Contudo, a recusa do

---

15. *Histoire de la folie*, p. 582 (não está na edição brasileira). Cf. *Dits et écrits* I, p. 420.
16. Citado por Didier Eribon, *Michel Foucault*, p. 147.
17. *Archéologie du savoir*, p. 165 (ed. bras., p. 144).
18. *Dits et écrits* II, p. 822.
19. *Histoire de la folie*, p. 232 e p. 446 (ed. bras., p. 215 e 423).

estruturalismo, depois de *A arqueologia do saber*, leva-o a não reproduzir na edição de 1972 o prefácio inicial, em que tratou de "fazer um estudo estrutural do conjunto histórico – noções, instituições, medidas jurídicas e policiais, conceitos científicos – que mantém cativa uma loucura cujo estado selvagem jamais poderá ser restituído em si mesmo".[20]

Na reinterpretação geral que faz de seu trabalho, em 1984, a *História da loucura* não é mais o conflito frutífero (de 1960) entre a poesia louca e o rigor acadêmico, não é mais o manifesto francês da antipsiquiatria que se tornou (a partir de 1964), mas o primeiro momento de uma *crítica* da constituição histórica da experiência: *História da loucura* indica "através de quais jogos da verdade o homem se entrega [...] a pensar seu próprio ser quando se percebe como louco".[21] O livro se tornou *crítico*, em um sentido kantiano reinterpretado, ou seja: ele exige as condições de possibilidade de um saber.

2) Recepção

Querer apresentar a *recepção* de um livro ou da obra de Michel Foucault poderia constituir o objeto de um livro inteiro – e isso já começou a ser feito.[22] Em vez de procurar figurar sumariamente os mil rostos de Foucault, indicaremos aqui alguns elementos introdutórios, partindo da publicação de cada um de seus livros na França.

História da loucura não foi mal recebido: com exceção de Klossowski, Blanchot, Barthes e alguns médicos, inicialmente houve o "silêncio total dos intelectuais"! Se

---

20. *Dits et écrits* I, p. 164.
21. *Usage des plaisirs*, p. 13 (ed. bras., p. 12) e *Dits et écrits* IV, p. 632-3.
22. Alain Brossat (coordenação), *Michel Foucault, les jeux de la vérité et du pouvoir*, atas do colóquio de Sofia, 25-27 de junho de 1993; Nancy, 1994.

for preciso abrandar este pesar de Michel Foucault (Fernand Braudel, Robert Mandrou ou Michel Serres escreveram sobre o livro...), é verdade que as revistas *Esprit* e *Les Temps Modernes* o ignoraram[23], e ele não foi asperamente discutido antes da edição de bolso de 1964 e do efeito de rebate de sua tradução inglesa – ou seja, antes de sua interpretação "antipsiquiátrica". Quando os temas do confinamento e da normalização "se tornaram o lugar-comum, especialmente nos meios de extrema esquerda, os que pensavam distanciar-se em relação ao que estava em gestação tomaram o livro como alvo [...]. Foi assim que, oito anos depois, a Evolução Psiquiátrica – um grupo de psiquiatras muito importante na França – resolveu dedicar todo um congresso em Toulouse para 'excomungar' a *História da loucura*".[24]

O livro é objeto de pelo menos três tipos de críticas.

Por um lado, os que Foucault chama de cavaleiros da exatidão[25] lamentam uma certa desenvoltura no uso das fontes: referências equivocadas a Molière, interpretação errônea do Apocalipse de Dürer...[26]

Por outro lado, há uma tentativa de sabotar as bases históricas da tese, mostrando que os loucos eram encerrados "no final da Idade Média e no Renascimento em células, prisões ou até gaiolas"[27]; que o confinamento não funciona em toda a Europa segundo o modelo francês; que existia uma preocupação médica quanto aos loucos mesmo durante a Antigüidade, no mundo árabe, na Espanha do século XV, etc.

---

23. *Dits et écrits* II, p. 524. Cf. D. Eribon, op. cit., p. 141-4.
24. *Dits et écrits* IV, p. 60.
25. *Dits et écrits* nº 277. Sobre as discussões com os historiadores: *Dits et écrits* nº 278 e 279; e cf. *Au risque de Foucault*, Paris, 1997.
26. David Macey, *Michel Foucault*, p. 133.
27. José Guilherme Merquior, *Foucault et le nihilisme de la chaire*, p. 33.

Defende-se, por fim, a obra de Pinel (e de Freud), insistindo-se sobre a individualização da loucura dentro do aparato psiquiátrico (e psicanalítico). Henri Baruk, que inscreveu suas reformas de médico-chefe da Casa Nacional de Charenton (1931) na linha direta da libertação pineliana, pensa que Foucault pertence a uma corrente que, sem "levar muito em conta as consideráveis melhorias trazidas por Pinel na defesa dos doentes mentais", quer "ressuscitar a loucura antiga para retornar aos loucos anteriores a Pinel, formando um grupo heterogêneo e alienado da coletividade humana!"[28] Um célebre médico norte-americano põe "na conta da influência negativa de Foucault o aumento do número de esquizofrênicos deixados em liberdade nas ruas de Nova Iorque".[29] Em outro nível, Gladys Swain[30] insiste no papel da subjetividade do louco no tratamento pineliano da loucura, o que invalidaria a exclusão objetivista diagnosticada por Foucault. André Stanguennec explicita a compreensão hegeliana da obra de Pinel, mostrando que seu método ultrapassa a teoria estóica da sabedoria "ao visar ao acordo com as instituições de uma normatividade social separada de qualquer referência fundadora relativa a um cosmo ou a uma criação".[31] Segundo Stanguennec, Hegel tira o conceito de desordem "diretamente da antropologia kantiana"[32] – a loucura é a perda do bom senso, o isolamento social,

---

28. Henri Baruk, *La psychiatrie sociale*, 6ª ed., Paris, PUF, 1982, p. 99 e p. 8.
29. James Miller, *La passion Foucault*, tradução francesa, Paris, 1993, p. 30.
30. Gladys Swain, *Le sujet de la folie, naissance de la psychiatrie*, Toulouse, 1977. Cf. M. Gauchet e G. Swain, *La pratique de l'esprit humain, l'institution asilaire et la révolution démocratique*, Paris, 1980. Foucault, que deveria resenhar o livro de Swain, impediu, por procrastinação, qualquer notícia.
31. A. Stanguennec, op. cit., p. 100.
32. Ibidem, p. 106. A antropologia de Kant: são cursos em parte improvisados, e não a reflexão crítica contida nos livros demoradamente meditados.

enquanto, no verdadeiro julgamento, "ou seja, socialmente controlável", o homem se distancia de seu "eu vivido, de maneira a dobrar constantemente o sentimento vivido" de si mesmo, não consciente como tal, da consciência de si mesmo, "comunicável ao outro".[33]

3) De uma outra recepção possível

As diferentes críticas evocadas, muitas vezes justas no detalhe, aceitam a alternativa apresentada pela *História da loucura* entre a normalidade e a loucura (Hegel *ou* Nietzsche). Também é aberta uma outra possibilidade, assim que a atenção se volta para o terreno cristão, comum a Hegel e a Foucault.

Como a alienação não é apenas uma categoria da psiquiatria que diz respeito ao espírito humano, mas também, segundo Hegel, o movimento que permite ao Espírito encontrar-se depois de se ter perdido na Natureza[34], e como a filosofia hegeliana é a mais poderosa compreensão que adere à modernidade (enquanto Nietzsche ou Marx desejam romper com ela), a contestação histórica e filosófica de Michel Foucault faz uma crítica do mundo moderno e da compreensão hegeliana desse mundo. E para realizá-la, em uma linguagem poética, Foucault se baseia na consciência trágica da loucura que subsiste nos poetas, apesar da normalização psiquiátrica e psicanalítica da sociedade moderna. O lugar de *O sobrinho de Rameau* na *História da loucura* e na *Fenomenologia do espírito* é notável.

A filosofia hegeliana é construída sobre a estrutura simbólica da trindade cristã, que Hegel historiciza na

---

33. Ibidem, p. 103.
34. Jean Hyppolite, *Genèse et structure de la phénoménologie de l'esprit*, Paris, 1946, p. 583. [Ed. bras.: *Gênese e estrutura da fenomenologia do espírito*, São Paulo, Discurso, 1999.]

emergência moderna do Estado racional a partir do fim do feudalismo. Contudo, segundo Foucault, a "libertação dos loucos" por Pinel e Tuke não pode ser interpretada como autêntica *libertação*, e o *humanismo* do Renascimento foi, segundo as palavras de Artaud, "uma diminuição do homem" bem mais do que um engrandecimento (p. 41; ed. bras., p.30).

Michel Foucault formou-se na cultura hegeliana e cristã que critica e da qual procura se desprender, voltando-se para os poetas contra os racionalistas. Opondo as imagens da *Nave dos Loucos* e do *Grande Confinamento* às imagens do *Asilo* de Tuke e da *libertação dos alienados do Bicêtre* por Pinel, tínhamos a impressão de que se tratava do aspecto superficial da luta, mas que as coisas sérias seriam tratadas a sério, na teoria. Mas o discurso hegeliano, "racional e irracional", se baseia também numa poesia fundamental, de origem bíblica, depois do abandono da nostalgia – partilhada com Hölderlin[35] – do mundo grego. A interpretação foucaultiana se baseia num *símbolo* da comunidade humana, cujos restos ele encontra nos poetas e nas narrativas de vida infame e que ele opõe à assimetria de Robinson e de Sexta-feira – este símbolo exige "uma relação homem a homem, esgotando-se em sua imediata reciprocidade" (p. 499; ed. bras., p. 474). *Este símbolo, não-refletido como tal, é construído a partir do conceito cartesiano do livre-arbítrio.* Uma vez que a reciprocidade entre os sujeitos livres, anteriormente a sua posição cultural, é imediata, este símbolo rompe qualquer estrutura compreendida como não-autêntica. Podemos aproximar o *tom* de Foucault ao descrever a "queda na

---

35. Cf. A. Stanguennec, "Folie poétique et sagesse conceptuelle: Hölderlin et Hegel", em *Études post-kantiennes* I, p. 80. Cf. também Pierre Lardet, "La désinvolture de se présenter comme discours", em Luce Giard, *Michel Foucault, lire l'œuvre*, p. 48.

objetividade" do louco visto pelo homem racional do tom de Sartre descrevendo a ausência de autenticidade do garçom de bar em *O ser e o nada*.

Assim, a lógica da posição de Foucault não arrebenta toda a estrutura no sentido de que a posição republicana de uma alma elevada (Platão) ou de um sujeito instruído (Condorcet) faz voar em estilhaços as estruturas imaginárias das mentalidades tradicionais, mas no sentido de que distancia do sério qualquer estrutura: o homem livre não é louco, nem doente, nem professor, nem médico, etc. – mas *meu* irmão, *teu* irmão. Reconhecê-lo como irmão é, ao mesmo tempo, aceitá-lo em sua diferença sem hierarquizar as diferenças. O horizonte libertário de uma aceitação generosa das diferenças opõe-se assim ao horizonte republicano de uma hierarquização baseada num critério que Foucault denunciará como normalização. O paradoxo é que esta desestruturação foucaultiana seja enunciada em uma tese que visa à obtenção de um título para postular ao ensino superior, e que permitirá a Foucault tornar-se professor do Collège de France. A recusa a se identificar nesse critério lhe permitirá encontrar os homens comuns, mas também vai lhe permitir pregar a destruição de qualquer critério de escolha – a partir do momento em que não há mais nenhuma regra para a direção de seu espírito, no cuidado de si o governo não pode mais se fazer senão *esteticamente*, e Foucault não se atrapalha com escrúpulos republicanos quando ajuda a eleger um amigo, que disputava com uma mulher com mais diplomas e títulos do que ele.[36]

Contudo, parece-me que podemos deixar para trás a alternativa foucaultiana entre a normalidade burguesa (Pinel, Hegel) e a loucura (Roussel, Nietzsche), levando em conta que podemos encontrar dois conceitos do bom

---

36. Cf. D. Eribon, op. cit., p. 168.

senso no *corpus* kantiano: o senso comum *factual* do curso de Kant sobre a *Antropologia*, retido por Hegel, permitirá dar um sentido especulativo aos métodos morais de Pinel. Ser louco, segundo a antropologia, é não estar adaptado ao mundo humano presente. Mas a reflexão *crítica* recusa essa normalização antropológica, evocando uma norma *indeterminada* do senso comum, cujo significado propriamente *crítico* (*Crítica da faculdade do juízo*, § 22) é a abertura de espírito aos julgamentos "possíveis" (e não reais) dos outros (idem, § 40).

A partir daí, a alternativa não é entre a posição foucaultiana de apóstolo e exegeta e a especulação hegeliana, mas, no interior da reflexão de Kant, entre a dimensão *antropológica* que permite esta e a dimensão *crítica* que a contesta, abrindo a possibilidade de um método arqueológico não-foucaultiano.

3
O nascimento da clínica: uma arqueologia do olhar médico (1963)

Michel Foucault publica no mesmo dia um livro de história da medicina – *O nascimento da clínica* – e um livro de crítica literária: *Raymond Roussel*.[1] O primeiro procede de uma parte de documentos não utilizados em *História da loucura*[2] e o segundo é sobre um escritor acompanhado pelo psiquiatra Pierre Janet.[3] Assim como *não* comenta Roussel, Foucault rompe com uma forma convencional de história da medicina.

Esta quer acreditar que a "clínica" não passa de puro e simples conhecimento de casos, tão antiga quanto a compaixão. Contudo, o termo "clínica" designa – a partir de Bichat e Broussais – uma experiência nova, cujo *sentido* e cuja *estrutura* Foucault deseja compreender "arqueologicamente". Os médicos não enxergam melhor a mesma

---

1. D. Eribon, op. cit., p. 171, cf. Yves Roussel, *Le mouvement d'écrire*, em *Michel Foucault, lire l'œuvre*, p. 97 et seq.
2. Cf. *Histoire de la folie*, p. 235, nota 1 (ed. bras., p. 217, nota 16).
3. P. Janet (1859-1947), *agrégé* de filosofia, trabalha, depois de seu doutorado, na clínica neuropsiquiátrica da Salpêtrière sob a direção de Charcot. Ele isola a "psicastenia" que Freud (vindo da medicina) chama de "neurose obsessional". Professor muito famoso no Collège de France (1902), entra em conflito com Freud em relação à descoberta do inconsciente. A relação do professor Foucault e do doutor Lacan talvez pudesse ser iluminada pela relação Janet/Freud.

doença, eles vêem os doentes com outros olhos – e já não são mais os mesmos médicos.[4]

Para compreender a novidade da clínica, Foucault apresenta o problema político que a epidemia impõe ao liberalismo e retraça a instituição do monopólio do exercício da medicina pelos doutores da universidade. Para compreender a mutação da linguagem médica "em linguagem racional", ele procura ater-se aquém da separação entre *as coisas e as palavras* (p. VII; ed. bras., p. IX, X) e a balizar a "experiência fundamental" da era moderna. O método "anatomoclínico" elimina a assimilação da doença e do mal a partir da nova *compreensão* da morte como fundo da percepção médica. É uma *estrutura* em que se articulam o espaço, a linguagem e a morte – possibilitando uma medicina positiva (p. 200; ed. bras., p. 226). Este sentido e esta estrutura só emergem politicamente numa reorganização das instituições e dos conceitos.

As instituições

No começo da Revolução há o sonho de uma medicina gratuita financiada pelos rendimentos eclesiásticos e administrada por um "clero da terapêutica" (p. 32; ed. bras., p. 35). Desde a conversão do imperador Constantino ao cristianismo no ano 323, o Estado se preocupava com a saúde das almas – doravante, se ocupará da saúde dos corpos.[5]

Dos decretos de Marly (1707) aos debates revolucionários, nenhum liberal está pronto a considerar que "a consciência médica de uma nação possa ser tão espontânea quanto sua consciência cívica ou moral" (p. 45;

---

4. *Dits et écrits* III, p. 409.
5. *Naissance de la clinique*, p. 19 (ed. bras., p. 21); cf. *Dits et écrits* III, p. 47, p. 51; *Dits et écrits* IV, p. 194.

ed. bras., p. 50). Finalmente, a lei do 19 Ventoso do ano XI dá à medicina esse estatuto de profissão "liberal e protegida" que ela conservou, prevendo uma hierarquia em dois níveis: os *doutores*, que passaram por exames (de anatomia, etc.) e por uma prova clínica; e os *oficiais de saúde*, de formação mais curta ou provenientes da prática. Michel Foucault extrai duas "informações decisivas" de tudo isso: 1) para evitar o velho modelo corporativo e o controle dos atos médicos, o princípio da competência do médico passa a se basear *no saber, na experiência* e *na probidade*; 2) a diferença entre o doutor e o oficial de saúde recobre a diferença entre as camadas sociais, pois, como diz Fourcroy, para tratar da gente robusta atacada por indisposições simples, não há nenhuma necessidade de ser "conhecedor e profundo na teoria".[6]

Contudo, se a burguesia assim regulamenta o problema *político*, a idéia de clínica impõe ainda um problema *moral* ao liberalismo contratualista: poderá um homem livre e doente, pelo simples fato de ser um pobre pedindo socorro ao hospital, tornar-se objeto de observação? A resposta é que a dor pode e deve ser um espetáculo, pois a doença só pode ser curada pelo conhecimento, pelos recursos e pela compaixão dos outros. Então o rico tem interesse em financiar os cuidados ao pobre e este, em se deixar examinar. "Ajudar termina recompensando, graças às virtudes do olhar clínico." Mas e o pudor da parturiente? A clínica de Copenhague recebe apenas mulheres não-casadas, que "não estando em situação de exercer a beneficência ... pelo menos contribuem para a formação de bons médicos e devolvem a seus benfeitores bem mais do que receberam".[7]

---

6. *Naissance de la clinique*, p. 80-2 (ed. bras., p. 88-93) (discurso de Fourcroy do 19 Ventoso, ano XI).
7. Ibidem, p. 86 (ed. bras., p. 97). Cf. *Dits et écrits* II, p. 411.

Assim, o olhar médico não é mais um conhecimento encerrado e conservado na universidade. O ato médico também não é apenas o encontro do médico com o doente. Agora eles pertencem ao mito do triunfo da medicina sobre a doença, numa sociedade que se tornou sadia. A epidemia exige uma observação plural e a regulamentação dos abatedores, dos locais de manipulação das tinturas medicinais, etc. – o médico adquire um *estatuto político* (marcado por um conflito entre a *Faculdade* e a nova *Sociedade Real de Medicina*). No século XVIII, a medicina dizia respeito à *saúde* e deixava ao doente a possibilidade de *se* cuidar. No século XIX, ela se regula pela normalidade – e o *conhecimento* do vivente se tornará central. Foucault generaliza a distinção de G. Canguilhem[8] entre normal e patológico:

> Ao falarmos da vida dos grupos e das sociedades, da vida da raça ou até da "vida psicológica", não pensaremos apenas na estrutura interna do ser organizado, mas na bipolaridade médica do normal e do patológico.

O tema liberal do colóquio singular é portanto uma ilusão, pois a medicina é uma prática social e política. Encontramos a diferença entre a era clássica e a era pineliana tematizada na *História da loucura*: o louco ainda estava sujeito à era clássica e o doente se cuidava – o louco tornou-se *objeto* do saber psiquiátrico e o doente tornou-se *anormal*. As ciências do homem constituíram-se no prolongamento das ciências da vida, importando metaforicamente seus conceitos e essa oposição do normal e do patológico (p. 36;

---

8. Georges Canguilhem (1904-1995), *agregé* de filosofia e médico, autor de *Le normal et le pathologique* [*O normal e o patológico*] e presidente do júri do concurso para ingresso no magistério secundário – a *agrégation* – como professor de filosofia, depois de ter sido pacifista (em 1927) e resistente (a partir de 1940).

ed. bras., p. 40): *As palavras e as coisas* em 1966 tirarão as conseqüências.

A protoclínica e a clínica

A primeira escola clínica, no hospital de Leyde, data de 1658; depois, são os alunos de Boerhaave que instituem as cadeiras de clínica, de Edimburgo a Viena – eles são imitados em Londres, Oxford, Cambridge, Dublin, Göttingen, Pádua, e uma clínica de parto é aberta em Copenhague. Em Paris o projeto fracassou e o ensino da clínica foi inicialmente organizado nos hospitais militares (p. 57; ed. bras., p. 63-4). Foucault distingue essa "protoclínica" específica do século XVIII da clínica propriamente dita: a protoclínica reúne casos para instrução dos estudantes, seguindo um campo nosológico *já* estruturado. O doente é apenas o *exemplo* da doença que o professor apresenta – sem descobri-la – e que o estudante procura *decifrar*. Se o discurso magistral falha, nós nos calamos e olhamos – essa *prova imposta* ao saber não permite sua *constituição*. Ao contrário, no exame clínico não se tratará mais de dar nome a uma doença num doente, mas de fazer o inventário de um organismo doente e de constituir um conhecimento.

No caminho, Foucault destrói o mito do *julgamento* médico que inventa conceitos em uma reflexão baseada no *golpe de vista*.

Depois do desaparecimento da medicina das espécies, o olhar clínico não se contenta mais em constatar, mas torna-se calculista. Não há mais a *essência* da doença, o sintoma não é senão "o fenômeno de uma lei de aparecimento".[9] Trata-se agora de associar os fenômenos uns aos

---

9. *Naissance de la clinique*, p. 91 (ed. bras., p. 103). Passa-se de um saber de tipo aristotélico a um conhecimento de tipo kantiano.

outros, de *constituir* sua totalidade e sua forma. Para realizar essa constituição o saber médico criaria seus conceitos segundo um modelo lingüístico. Foucault põe o *Essai sur l'origine des connaissances humaines* [*Ensaio sobre a origem dos conhecimentos humanos*] de Condillac diante da constituição da clínica[10] – para o filósofo e para o clínico o mundo é linguagem. Num primeiro momento, é uma língua *medida*. Não é mais o latim por meio do qual os médicos medievais protegiam sua corporação, não é mais o envoltório matemático de uma gramática natural, e não é mais a língua formalizada do código genético da medicina contemporânea. Mas é uma *língua*, e se compreende que certo esoterismo médico tenha conseguido se reconstituir depois da destruição da medicina antiga. A pureza do olhar médico liga-se a um certo silêncio que permite escutar a linguagem que as próprias coisas falam. Nessa compreensão ainda hermenêutica do discurso médico "paira o grande mito de um puro Olhar que seria pura Linguagem, olho que falaria... olhar que escuta e olhar que fala". De uma linguagem em que se forma o *golpe de vista* do prático.[11]

Portanto, a constituição do saber médico na estrutura hospitalar instituída procederia da espontaneidade criativa do julgamento médico refletindo em um conceito suas observações judiciosas: Foucault fala de *mito* a propósito dessa reflexão. Isto porque o pensamento médico efetivo não é uma invenção livre conceitual a partir de dados diversos simplesmente esparsos, mas presume uma relação particular com a morte. Em outras palavras, o sujeito teórico do saber médico moderno não é uma inteligência judiciosa, kantiana, mas uma inteligência da morte – um *Dasein* heideggeriano, poder-se-ia dizer, sem forçar muito o texto.

---

10. Ibidem, p. 92 (ed. bras., p. 104-5), p. 115 (ed. bras., p. 130).
11. Ibidem, p. 107, p. 109, p. 115-6 (ed. bras., p. 123, 130-1).

Nascimento da anatomoclínica: o cadáver e o tecido (Bichat e Broussais)

> O grande corte na história da medicina ocidental data precisamente do momento em que a experiência clínica tornou-se anatomoclínica. (p. 149; ed. bras., p. 167-8)

O golpe de vista não é o elemento irredutível do saber clínico; um conhecimento *anatômico* lhe dará seu estatuto moderno, com Bichat e Broussais.

Em primeiro lugar, é preciso romper com a pretensa interdição das autópsias sob o Antigo Regime: o decreto de Marly (1707) ordenava que os diretores de hospitais fornecessem cadáveres para os professores! Entre Morgagni (*De sedibus*, 1760) e Bichat (*Traité des membranes*, 1800; *Anatomie général*, 1801) não existe a diferença entre o saber e o obscurantismo, mas entre "duas figuras do saber" (p. 127; ed. bras., p. 144). Bichat rompe completamente com o princípio de uma identidade mórbida do órgão em benefício do conceito de *tecido* – não se falará mais em doenças da cabeça, do peito, etc. O tecido é o verdadeiro elemento para a análise médica, análoga à análise química de Lavoisier. É preciso, então, cruzar a temporalidade dos sintomas e a espacialidade dos tecidos e dar um estatuto à morte.

A *morte* era o termo da vida. A *mortificação* é um processo que começa no corpo vivo, muito antes do falecimento, e prossegue por muito tempo depois, nas mortes minúsculas que vêm "dissociar as ilhotas de vida que persistem" (p. 145; ed. bras., p. 163). A morte não é mais o inimigo absoluto, mas um conceito operatório que permite pensar a vida como exposição e resistência à morte. Esse vitalismo já não é a antítese do materialismo de Epicuro ou do mecanismo cartesiano, porque não define mais, com Aristóteles, a vida como a forma do organismo, mas o organismo como a manifestação da vida. A Morte já não é mais o Macabro; é o Mórbido que percorre o imaginário do século XIX. O homem não morre mais porque adoece, mas pode adoecer porque é mortal. A degeneração, o desgaste *por causa da atividade orgânica* acompanha todo o curso da vida; e *a autópsia permite o conhecimento da doença*. Foucault sublinha "a extraordinária beleza formal" de um relato de autópsia, que cita na p. 174 (ed. bras., p. 194).

O sinal (a tomada do pulso, por exemplo) não mais requer apenas um método de leitura (o famoso olhar), mas uma *auscultação*, simbolizada pelo estetoscópio. O olho, a mão e a orelha do médico pertencem agora à nova *estrutura*, perceptiva e epistemológica, que Foucault chama de "o invisível-visível" e que descreve em sua linguagem tão singular:

> Enfim, descobrir não será mais ler, sob uma desordem, uma coerência essencial, mas estender um pouco mais adiante a linha de espuma da linguagem, fazê-la alcançar essa região de areia que ainda está aberta à claridade da percepção, mas não mais à palavra familiar [...] Trabalho que permite que se veja, como Laënnec fez ver distintamente, fora da massa confusa dos cirros, o primeiro fígado cirrótico na história da percepção médica. (p.173-4; ed. bras., p. 194)

Contudo, o nascimento da anatomoclínica é também obra de Broussais.

Inicialmente não se vê muito bem como Broussais, praticando a sangria e voltando a uma medicina das simpatias, pode permitir um progresso médico. É um oficial de saúde da marinha, mais tarde aluno de Pinel. Voltando a ser militar, pratica autópsias em grande escala durante as campanhas napoleônicas. Em seu tratado de 1808, retoma a idéia pré-clínica de uma identidade patológica entre febre e inflamação, *mas dá-lhe um novo sentido, levando em conta o princípio dos tecidos orgânicos de Bichat*: a obrigação de encontrar a superfície de ataque orgânico. A inflamação se desenvolve em um tecido, não é mais o sinal de uma espécie. E Broussais acaba com o vitalismo de Bichat: o organismo só está doente em relação às causas irritantes (exteriores ou internas). Chegamos ao limiar da medicina positivista.

Conclusões

O nascimento da clínica instala o método arqueológico no terreno "tão confuso" da história das idéias. Nesse livro reencontramos um Foucault erudito, polemista e poeta.

O humanismo médico descreve a clínica pelo famoso colóquio singular que "as fenomenologias acéfalas da compreensão [misturam] às areias de seu deserto conceitual" (p. X; ed. bras., p. XIII)? Será que a medicina liberal invoca essa idéia em prol de um mercado aberto, baseado num "contrato singular e um pacto tácito passado de homem para homem" (p. XI; ed. bras., p. XIII)? Foucault responde, expondo as condições *históricas* do aparecimento da clínica, o "*a priori* concreto" de sua possibilidade, de sua experiência e de sua racionalidade. Ele também recusa a crítica kantiana, que procura antes as condições *a priori anistóricas* de uma ciência (p. XII; ed. bras., p. XIV) que "a fatalidade do comentário". Começa, seguindo seu método arqueológico, a tratar os fatos de discurso como "eventos e segmentos funcionais pouco a pouco formando sistema" (p. XIII; ed. bras., p. XVI). Contudo, seus conceitos de "sistema" ou de "estrutura" não impedem ainda os conceitos de "sentido" ou de "experiência". Foucault relê os poetas e termina por uma evocação do lirismo em Hölderlin e Rilke comparados ao vazio e à ausência de deuses. A finitude não é mais a negação do infinito, "a saúde substitui a salvação" (p. 201; ed. bras., p. 228). A medicina repisa a morte que ela conjura.

Mas a escrita do livro é poética em um sentido rousseliano. *Les impressions d'Afrique* [*As impressões da África*] de Roussel passam da primeira frase – ... *les lettres du blanc sur les bandes du vieux pillard* [... as cartas do branco sobre os bandos do velho pilhante] – a esta, que é a última: ...*les lettres du blanc sur les bandes du vieux billards*. [...as letras de giz sobre as bandas do velho bilhar]".[12] Entre essas duas frases quase iguais, o escritor conta toda uma história. O que interessa Foucault nesse procedimento é que ele permite a Roussel escrever fazendo as palavras "se agitarem" num espaço tropológico, "fazendo-as jogar sua profunda liberdade"[13], ou seja, o *acaso*, que da mesma forma preside ao nascimento ou à morte de um homem[14], e provoca a linguagem. "A 'desrazão' de Roussel", escreve Foucault nesse livro (observe-se que publicado no mesmo dia de *O nascimento da clínica*), "seus jogos de palavras zombeteiros, sua aplicação de obcecado, suas absurdas invenções certamente se comunicam com a razão de nosso mundo", de modo que a "nossa história racional" talvez não seja mais do que um efeito do "jogo dos signos".[15]

A escrita de Foucault tem um aspecto discretamente rousseliano: *O nascimento da clínica* se abre sobre dois textos médicos cuja "diferença é ínfima e total".[16] Cinqüenta anos separam os textos de Pomme (1769) e de

---

12. *Raymond Roussel*, p. 20. [Para a tradução dos dois versos de Roussel, utilizamos a edição brasileira de Raymond Roussel. Trad. Manoel Barros da Motta e Vera Lúcia Avellar Ribeiro. Rio de Janeiro, Forense Universitária, 1999. p. 11.]
13. Ibidem, p. 25.
14. Ibidem, p. 61.
15. Ibidem, p. 209.
16. *Naissance de la clinique*, p. VI (ed. bras., p. VIII).

Bayle (1825), mas tudo mudou. O livro conta a passagem de um para outro. A mutação médica procede de uma descoberta da nova morte, da passagem do Macabro ao Mórbido, como os livros de Roussel se fundamentam numa angústia ligada à morte dos deuses. O nascimento da clínica seria proveniente de alguma experiência não-científica. Origem pré-racional da ciência, movimento aleatório da história – a época oscila da medicina das espécies à hospitalização clínica e à histologia, a partir de um acontecimento subjacente às modificações estruturais. Esse Foucault ainda está próximo da fenomenologia, sob a forma que Heidegger lhe deu falando de uma história do ser e se instruindo com os poetas.

Críticas

Seguindo o procedimento indicado depois da apresentação de *História da loucura*, formularei agora algumas opiniões críticas sobre *O nascimento da clínica*.

1) A evolução do julgamento de Foucault sobre seu livro é solidária com uma modificação de sua compreensão da medicina e do curso que toma seu próprio trabalho. A medicina continua a interessá-lo após o livro de 1963, a que os comentaristas não deram nenhuma atenção. (Basta, por exemplo, levar em conta o programa do curso de 1973-74.[17]) Com efeito, os temas da saúde, da população e, por fim, da sexualidade, que estão no livro de 1975 e nos cursos dos anos seguintes sobre a biopolítica, vêm diretamente da diferença do normal e do patológico como fundamento da medicina clínica, como modelo das ciências humanas e como idéia diretriz das normalizações

---

17. Cf. *Annuaire du Collège de France* e também A. Kremer-Marietti, *Michel Foucault*, Paris, 1974, p. 222 et seq.

disciplinares. Verificaremos isso lendo os livros seguintes, mas um artigo de Canguilhem[18] saudando a discreta publicação de uma obra coletiva sobre a arquitetura dos hospitais testemunha sua permanência.[19]

O julgamento, porém, evolui além dessa permanência. O interesse pela morte e pela doença se apresentava sob a forma de vôos líricos. Em *A arqueologia do saber* (1969), Foucault critica o apelo "a alguma experiência primitiva, fundamental, surda, e mal articulada"[20] e à expressão "olhar médico", que parecem remeter a "um sujeito que pensa, que conhece e que o diz".[21] Em outras palavras, em 1969, *O nascimento da clínica* ainda é uma arqueologia, mas já não é uma arqueologia do "olhar médico". *As palavras e as coisas* tendo eliminado o humanismo, as instâncias específicas de *decisão* teórica e prática não mais remetem a um substrato "humano" – nem olhar, nem experiência fundadora da morte podem explicar o surgimento da medicina clínica. Contudo, a reedição, em 1972, apaga o aspecto estruturalista do livro[22], como se Foucault hesitasse em colocar na base da nova inteligência médica um sujeito-para-a-morte (*Dasein* heideggeriano) ou uma estrutura (uma rede conceitual e uma reorganização institucional).

Em 1976 a morte não será mais abordada na dimensão poético-metafísica da conclusão do livro, mas em uma dimensão político-social: o hospital era um morredouro e, com a clínica, torna-se um lugar de saúde.[23] Foucault

---

18. *Le Monde*, 6 de abril de 1977.
19. *Généalogie des équipements de normalisation*, Fontenay-sous-Bois, ou Paris, 1976, reedição: *Les machines à guérir*, Bruxelas, 1979. Cf. *Dits et écrits* III, p. 168 e D. Macey, op. cit., p. 335.
20. *Archéologie du savoir*, p. 64 (ed. bras., p. 54).
21. Ibidem, p. 74 (ed. bras., p. 61).
22. D. Eribon, op. cit., p. 198.
23. *Dits et écrits* III, p. 47, p. 51.

apresentará então o problema da "biopolítica", sobretudo em *Vigiar e punir* (a gestão dos corpos) e em *A vontade de saber* (população, sexo e conhecimento). A explicação da vulgata marxista pela qual as relações de classe determinam a cultura é insuficiente[24] – certamente o desemprego permite a nova instituição hospitalar, que permite a formação do conceito de tecido, mas não se pode dizer que o conceito médico seja uma "expressão" da situação econômica.[25] Portanto, é preciso realizar dois tipos de pesquisas: de um lado, na direção das formas econômicas e sociais e, do outro, na direção das formas discursivas.

Em 1984, Foucault fala da relação entre "a estrutura hospitalar" e a "estrutura epistemológica"[26]; em 1971, deixava indicado que seus trabalhos não proporcionavam uma *teoria* (como pretendia o marxismo), porque lhe faltava uma análise das relações entre as duas estruturas.[27] Em 1968, depois da publicação de *As palavras e as coisas*, ele acredita que a clínica não é uma ciência, verdadeira ou falsa, como a frenologia (ciência falsa) ou a microbiologia (ciência verdadeira), mas uma "função discursiva".[28] A medicina está ligada a uma prática social, econômica, política e histórica, além de modificações interdiscursivas que afetam outros "discursos". *O nascimento da clínica*, que não estuda essas modificações, é *uma* arqueologia do olhar médico e não *a* arqueologia definitiva e completa.[29]

Visto de 1977, o livro de 1963 analisa as relações de *poder*. Enquanto nos anos 1960 a direita expõe os problemas em termos de soberania e de direito, e a esquerda

---

24. Cf., por exemplo, *Dits et écrits* II, p. 408.
25. Ibidem, p. 161.
26. *Dits et écrits* IV, p. 676.
27. *Dits et écrits* II, p. 157.
28. 1968. *Dits et écrits* I, p. 727.
29. *Dits et écrits* III, p. 29 e *Dits et écrits* II, p. 157.

pensa em termos de aparelhos de Estado, o livro coloca o fenômeno da doença em relação à ascensão do capitalismo.[30] Visto de 1984, o livro já não estuda assim os poderes, mas a constituição do sujeito humano em objeto de conhecimento médico, como *História da loucura* estudava sua constituição em objeto de conhecimento psiquiátrico e *Vigiar e punir* em objeto de conhecimento penal.[31] A reinterpretação criticista de seu próprio trabalho, que se pode ler em uma conferência de 1978 – que ele não "ousou" intitular "O que é a *Aufklärung?*"[32] –, dá assim ao livro de 1963 uma nova dimensão.

2) Foucault havia deixado a *História da loucura* como caixa de ferramentas para uso da antipsiquiatria – inversamente, ele recusa que *O nascimento da clínica* seja interpretado como "uma medicina contra uma outra, ou contra a medicina, por uma ausência de medicina".[33] O livro não é muito lido antes dos anos 70, pois a saúde ainda não era um problema teórico "nobre".[34] Em seguida, ele encontra a antimedicina e os movimentos de liberação dos corpos. Mas a passagem pelo rigor da pesquisa minuciosa permitir-lhe-á, em todos esses anos de efervescência *esquerdista*, distanciar-se da confusão dos leitores de Illich.[35] Durante

---

30. *Dits et écrits* III, p. 46 e p. 402.
31. *Dits et écrits* IV, p. 393 e p. 633. Ver no belo artigo de Christiane Sinding, "La méthode de la clinique", em *Michel Foucault, lire l'œuvre*, p. 78-81.
32. Cf. a conferência do dia 27 de maio de 1978, diante da Société Française de Philosophie, publicada em abril de 1990 sob o título "Qu'est-ce que la critique? (Critique et *Aufklärung*)", p. 53.
33. *Naissance de la clinique*, 3ª ed., 1975, p. XV (ed. bras., p. XVIII).
34. *Dits et écrits* III, p. 88; cf. *Dits et écrits* II, p. 408; *Dits et écrits* III, p. 141; *Dits et écrits* IV, p. 66.
35. Cf. *Dits et écrits* III, p. 45. Ivan Illich, velho padre católico, contestou energicamente a moderna especialização médica em *Nemesis médicale*, Paris, 1975 [ed. bras.: *Expropriação da saúde: nêmesis da medicina*, Rio de Janeiro, Nova Fronteira, 1975].

a década de 1970 há uma tomada de consciência do fato de que a humanidade não se contenta mais em reproduzir ou sustentar a vida, mas começa a poder dirigir a evolução. Consciência de que o novo saber médico é "perigoso [...] ao nível da própria história" – merece, assim, mais do que a "rejeição radical e bucólica em favor de uma reconciliação não técnica com a natureza".[36] Foucault não aceita que a seriedade de um tal problema desapareça em devaneios obscuros, e estigmatizará o antiintelectualismo primário do bom coração das damas de caridade.[37]

O livro, publicado na coleção "Galien" de G. Canguilhem, é lido por médicos de visões muito diversas. J. Lacan fala dele elogiosamente.[38] Poynter, da *Wellcome Historical Medical Library* faz uma resenha em *History of Science*. François Dagognet, velho médico que sucederá Canguilhem na presidência do júri do concurso para ingresso no magistério secundário, formula algumas dúvidas sobre detalhes e toma certa distância do método – mas é principalmente graças a Bernard Kouchner, membro do CNJM (Centro Nacional dos Jovens Médicos) e militante reconhecido no seio da União dos Estudantes Comunistas, que o livro fecunda a reflexão dos práticos.

> O CNJM leu e discutiu o livro, capítulo após capítulo, no decorrer de uma série de reuniões apaixonadas, o mais das vezes realizadas na casa de Kouchner.[39]

Seria preciso estudar minuciosamente a interpretação e a influência do livro de Foucault na política médica das

---

36. *Dits et écrits* III, p. 48.
37. Entrevista com E. Maire, secretário-geral da CFDT, em *Dits et écrits* IV, p. 520.
38. D. Eribon, op. cit., p. 180.
39. D. Macey, op. cit., p. 161.

décadas de 1980 e 1990. Aqui nos contentaremos em observar que, preparando no colóquio de setembro de 1978 a atualização do Programa Comum da Esquerda, Foucault participou somente do debate sobre a medicina de bairro; que ele acompanhou Bernard Kouchner e Simone Signoret em setembro de 1982 para a última missão dos Médicos do Mundo, em Varsóvia; e que seu último grupo político é provavelmente a Académie Tarnier (Kouchner, Glucksman e outros), que se reuniam no hospital do mesmo nome para se informar e agir na Polônia, no Líbano, no Afeganistão, etc.[40]

3) Foucault prefere refletir a partir de uma informação de primeira mão, em vez de trabalhar sobre vagas idéias gerais – uma tagarelice para cérebros vazios. Desse ponto de vista, a tecnicidade e a minúcia do livro merecem os maiores elogios.

Vemos assim o pensamento de Foucault se estabelecer: a finitude, compreendida num sentido positivo (e não mais como negação do infinito) é experiência da Desrazão, da Morte, correlativa da emergência da psiquiatria e da clínica. Com relação à compreensão da contingência histórica dessa *experiência*, Michel Foucault parece dividido entre uma interpretação existencial e uma interpretação estrutural. No elogio renascentista da loucura, na vigília clássica da loucura, na tragédia enlouquecida ainda presente em Artaud e Nietzsche, tem-se um sentido da *fraternidade* anterior a qualquer relação solidificada, uma cumplicidade entre os *mortais*. Mas na crítica da ilusão liberal do colóquio singular, na perspectiva sociopolítica do humanitarismo proclamado da psiquiatria e da clínica, o imediatismo da relação é entendido como ilusão interessada.

---

40. *Dits et écrits* III, p. 329, e D. Eribon, op. cit., p. 323-6.

A reflexão de Foucault é portanto equívoca: ela parte em uma direção "estruturalista"[41] e se apóia em uma "experiência intensa"[42] da doença e da morte pessoais, refletida pela leitura de Hölderlin e da escritura rousseliana.

Desde o momento em que a medicina *normaliza*, Foucault parece hesitar entre uma recusa do que excede a anatomoclínica (a normalização, o papel sociopolítico da medicina) e uma posição dirigista quanto à política médica. Por um lado, uma posição individualista radical (o médico deve cuidar do indivíduo e não normalizar) e, por outro, uma consciência de "esquerda" quanto à instrumentalização dos doentes e dos médicos pelos grandes grupos farmacêuticos, na lógica da medicina social-democrata (plano Beveridge na Inglaterra, Seguridade Social na França).[43] No entanto, com isso Foucault fica na ironia em relação ao humanismo médico e ao liberalismo. Sua crítica negativa não diz que direção deve tomar a produção genética da humanidade, nem sob quais critérios deve se realizar – da mesma forma que não exige sua interdição. O devir do gênero humano passa do reino da autarquia da natureza à autonomia da razão humana. Agora é a razão (humana) que governa o devir biológico, como viu Foucault. Portanto, é urgente pensar essa nova era política. Será que o governo obedecerá à razão calculadora (gestão das populações, dos seguros sociais, dos lucros dos grupos farmacêuticos, etc.) ou uma razão prática incondicionada poderá definir uma política?

Foucault permite ver-se a dificuldade, mas, compreendendo a liberdade no sentido cartesiano do livre-arbítrio, não consegue expor o problema da autonomia.

---

41. C. Sinding, op. cit., p. 77, nota.
42. *Dits et écrits* IV, p. 67, p. 46, p. 748. Cf. D. Eribon, op. cit., p. 171.
43. *Dits et écrits* III, p. 42.

4
As palavras e as coisas: "uma arqueologia das ciências humanas" (1966)

Este livro brilhante sustenta a tese *estruturalista* muito discutida da *morte do homem*, e termina na célebre imagem do homem apagando-se "como um rosto de areia à beira-mar". O prefácio aponta um texto de Borges como local de nascimento do livro e a introdução analisa *As meninas*, de Velásquez. De uma perturbadora enciclopédia chinesa de que Borges fala, Foucault retém a estranheza de uma unidade cujos elementos nos parecem heterogêneos.[1] De modo semelhante, ele questiona a queda no erro ou no sonho do que, em nossa cultura, foi outrora reconhecido como conhecimento. Em uma esplêndida análise do quadro *As meninas*, Foucault vê "a representação da representação clássica" (p. 31; ed. bras., p. 21).

O aparecimento da Representação[2] é compreendido como o *limite* entre o Renascimento e a era clássica – e seu desaparecimento, acompanhando o nascimento do homem, como passagem para a era moderna. O livro

---

1. "Neste texto [...] está escrito que 'os animais se dividem em: a) pertencentes ao imperador, b) embalsamados, c) domesticados, d) leitões, e) sereias, f) fictícios, g) cães em liberdade, h) incluídos na presente classificação, i) que se agitam como loucos, j) incontáveis, k) desenhados com um pincel muito fino de pêlo de camelo, l) *et coetera*'[...]" *Les mots et les choses*, p. 7 (ed. bras., p. IX).
2. Sobre essa noção, cf. p. 72.

contém uma periodização do passado recente, um manifesto estruturalista e uma destruição do humanismo. Foucault opõe a era clássica – a era da "representação" –, pensada através das teorias da linguagem, da história natural e da análise das riquezas, à era moderna – a era do "homem" –, relacionada com o desenvolvimento da filologia, da economia e da biologia. Essa oposição, ou essa aparição moderna do homem se seguindo à retirada da representação, torna impossível a continuidade entre os três saberes clássicos e as três ciências modernas.

Mas o livro não é somente, talvez nem especialmente uma história das ciências. O desaparecimento histórico da categoria "homem" e do humanismo contemporâneo são descritos *e desejados*. Os ataques nominais contra Sartre foram eliminados nas provas de impressão[3], mas quanto a isso ele não se enganou... A questão é matar o mito da história – que encontramos em especial na *Crítica da razão dialética* de Sartre (1960) – apoiando-se nos métodos estruturais dos historiadores profissionais (Marc Bloch, Lucien Fèbvre, Georges Dumézil), e livros de Foucault sobre a loucura e a clínica.

O *estruturalismo* da década de 1960 (Lacan, Althusser, Barthes) rejeita a fenomenologia husserliana ou o marxismo humanista. Em Sartre, o existencialismo se apresenta como um humanismo e, depois que Marx é congelado ou abrandado, a filosofia adormece. Contrariamente, o estruturalismo é apresentado como "a consciência desperta e inquieta do saber moderno" (p. 221; ed. bras., p. 287). Althusser, desejando acordar o pensamento comunista, permitiu o maoísmo, e Foucault quer despertar o pensamento contemporâneo do *sono antropológico* em que ele se encontra desde Kant. Para compreender a aposta de um tal "despertar", começaremos por definir três

---

3. Segundo R. Bellour, em D. Eribon, op. cit., p. 185.

conceitos elementares (estrutura, episteme e arqueologia); depois, restabeleceremos brevemente o essencial da tese histórica.

A *estrutura*

Por um lado, a palavra "estrutura" dá nome a um conceito pensado no século XVII no quadro do estudo das plantas e dos animais. "A história natural tem como condição de possibilidade o pertencer comum das coisas e da linguagem à representação" (p. 144; ed. bras., p. 181), o que implica uma definição desse ponto em comum do ver e do dizer. Buffon e Lineu, apesar de se oporem, admitem um mesmo "crivo" (p. 148; ed. bras., p. 186) para a percepção: um olhar sem cores, uma exclusão do paladar e dos outros sentidos. Esse privilégio da visão é confirmado no uso que a era clássica faz do microscópio, destinado à compreensão da conservação das formas visíveis através das gerações. Livre de qualquer carga sensível, entregue à rotina, a observação de uma planta ou de um animal, pressupõe uma visão sistemática de acordo com as quatro variáveis que os botânicos chamam de sua *estrutura*: número, figura, proporção, situação.

> A estrutura, limitando e filtrando o visível, permite-lhe transcrever-se na linguagem. Por ela, a visibilidade do animal ou da planta passa inteira para o discurso que a recolhe. (p. 147; ed. bras., p. 185)

Por outro lado, *para o leitor* de As palavras e as coisas, a estrutura é um conceito essencial. Talvez para evitar as confusões entre a estrutura natural (dos botânicos) e a estrutura cultural (que ele estuda), Foucault jamais utiliza a palavra "estrutura", mas usa metáforas geométricas e arquitetônicas: espaço filosófico, quadrilátero, triedro, retângulo, volume, sistema. Ele fala de *quadro* ou de *sistema* ao descrever o "quadrilátero fundamental" da era clássica. O vocabulário não está completamente fixado, e se o conceito de *sistema* não implica necessariamente o espaço, a maioria das metáforas foucaultianas o presumem: "o encerramento", "o aberto", "o novo espaço filosófico".

Mas ele resume sob o nome "estruturalismo" (p. 221; ed. bras., p. 287) seu trabalho sobre cada "rede única de necessidades" (p. 77; ed. bras., p. 87), que apresenta em dois quadros (p. 225; ed. bras., p. 293). *Estes dão a estrutura arqueológica pela qual a compreensibilidade de uma época passa por inteiro no discurso de Foucault...*

A *episteme*

Já sugerimos que, entre um saber clássico como a história natural e uma ciência moderna como a biologia, não havia continuidade. Segundo o método foucaultiano, também não há nenhum progresso. Os problemas na história das ciências são mal colocados quando se fala de influência ou de progresso. Ao contrário dessa continuidade imprecisa ou dessa finalidade, é preciso *distinguir* a singularidade de cada "episteme" (saber ou ciência). Por exemplo, Buffon (1707-1788) se espanta ao encontrar em Alvorandi[4] uma confusão com a lenda, que mistura – com relação à serpente – descrições exatas e fábulas, anatomia e mitologias. Mas, em vez de *repetir* o espanto de Buffon, Foucault diz que os dois homens são muito bons observadores, ambos ligados "à fidelidade do olhar e à racionalidade das coisas" (p. 55; ed. bras., p. 55) – mas que não pertencem à mesma episteme. Para o primeiro, a natureza

---

4. As *Histórias naturais* de Alvorandi (1522-1605) são publicadas entre 1552 e 1607.

está *escrita*, donde a forma do *comentário* como tarefa indefinida da entreglosa. Quando a natureza se torna *ordenada* na era clássica, a episteme da *Ordem* substitui a episteme da *Interpretação*.

O Renascimento, a era clássica, a era moderna, a situação contemporânea – esses momentos históricos são caracterizados pela estrutura de sua episteme. Assim, a vida, a natureza e o homem não são campos neutros, passivamente oferecidos à curiosidade. Para compreender uma época não basta contar suas opiniões (doxologia), mas "é preciso *reconstituir o sistema* geral de pensamento cuja rede, em sua positividade, torna possível um jogo de opiniões simultâneas e aparentemente contraditórias. É essa rede que define as condições de possibilidade de um debate ou de um problema, é ela a portadora da historicidade do saber" (p. 89; ed. bras., p. 103).

Foucault mostra, por exemplo, que o "fixismo" e o "evolucionismo" não são duas visões filosóficas do mundo, que transpareceriam na ciência positiva, mas duas exigências simultâneas na rede arqueológica da era clássica.

Arqueologia

Numa cultura, e em um dado momento, uma única episteme define as condições de possibilidade de qualquer conhecimento. É o *a priori histórico* da época. Kant deu à expressão medieval "*a priori*" o novo sentido das condições de possibilidade de um conhecimento. Ele entende por "*a priori*" as estruturas anistóricas do ato do conhecimento (teórico ou prático) – por exemplo, a categoria de comunidade, sem a qual Newton não poderia conceber a gravitação universal. Foucault desloca o sentido da expressão, historicizando-o. O *a priori* é

[...] o que, em uma dada época, recorta na experiência um campo de saber possível, define o modo de ser dos objetos que ali aparecem, arma o olhar cotidiano de poderes teóricos e define as condições nas quais se pode ter sobre as coisas um discurso reconhecido como verdadeiro. (p. 171; ed. bras., p. 219)

Assim, a mesma rede arqueológica, clássica, que permite a gramática geral e a história geral, é "o solo" no qual se baseia a análise da riqueza. Para desvendar a *estrutura* desse *a priori* histórico, o método arqueológico deve recusar a "leitura retrospectiva" que busca na análise clássica das riquezas as "partes e os pedaços" da economia política. Três domínios aparentemente distanciados entre si, como uma *teoria da moeda e do valor*, uma *história natural* e uma *gramática geral*, na verdade pertencem ao mesmo mundo, anterior à "crítica kantiana" (p. 88; ed. bras., p. 101-2).

Uma episteme não é uma realidade ideal ou conceitual (Platão, Aristóteles), porque depende de um *a priori* e não de uma inteligência divina. Este *a priori* não é uma forma anistórica (Kant). Em cada época os homens têm um conjunto de possíveis históricos delimitados pela estrutura geral da episteme, por exemplo, pelo estatuto da *representação* e da *loucura* no século XVII. Mas a existência histórica de uma episteme não é redutível à situação social ou psíquica dos produtores ou dos agentes. Foucault recusa a interpretação "tradutivista" da cultura: é insuficiente dizer que os fisiocratas representavam os proprietários de terra e seus adversários teóricos (os "utilitaristas") representavam os comerciantes e os empreendedores:

> se o fato de pertencer a um grupo social pode explicar que este ou aquele tenha escolhido um sistema de pensamento e não outro, a condição para que este sistema

tenha sido pensado jamais se baseia na existência desse grupo. (p. 213; ed. bras., p. 278)

Portanto, é preciso distinguir a *doxologia*, que reconstitui o jogo das opiniões nas lutas de poder e interesse, e a *arqueologia*, que busca as condições "a partir das quais foi possível pensar em formas coerentes e simultâneas" de saberes aparentemente opostos. Foucault agora distingue dois conceitos que confundia sob o nome de "experiência" – uma estrutura, ou seja, uma rede histórica de necessidades que desvenda a arqueologia, e uma aparente liberdade, a escolha contingente, socialmente condicionada, de um possível no quadro. Mas resta compreender a passagem descontínua de uma episteme a outra.

Estruturalismo

A estrutura epistêmica dos séculos XVII e XVIII é recapitulada num quadro geral (sublinho aqui os elementos isomorfos):

> A *análise das riquezas* obedece à mesma configuração que a obedecida pela *história natural* e pela *gramática geral* [...] No sistema das trocas, no jogo que permite a cada parte de riqueza significar as outras ou ser significada por elas, o valor é ao mesmo tempo *verbo* e *nome*, poder de ligar e princípio de análise, atribuição e recorte. Portanto, na análise das riquezas o *valor* ocupa exatamente a mesma posição que a *estrutura* na história natural [...] a teoria do preço monetário corresponde ao que na *gramática geral* aparece sob a forma de uma análise das raízes e da linguagem de ação (função de *designação*) e ao que aparece sob a forma de tropos e deslize de sentidos (função de *derivação*) ... Pode-se dizer, portanto, que para o pensamento clássico os sistemas da história natural e as

teorias da moeda ou do comércio têm as mesmas condições de possibilidade da própria linguagem.[5]

Contudo, os três sistemas não se superpõem exatamente: a linguagem desordenada implica a arte do dicionário e da enciclopédia, ao passo que a ordem da natureza e a das riquezas se manifestam na simples existência dos viventes e do valor. Não obstante, o problema da unidade dos elementos do mundo vivo é "isomorfo" (p. 158; ed. bras., p. 201) em relação ao problema da possibilidade do nome comum.

Foucault, porém, fala da "mutação" (p. 218-9; ed. bras., p. 284-6) que ocorreu pelo final do século XVIII e da "ordem" da linguagem, da natureza, das riquezas, características da era clássica. Poder-se-ia pensar que a mutação e a ordem obedecem a uma mesma estrutura, mais ou menos como na astronomia uma lei física permite conceber fenômenos singulares (eclipses, etc.) e o sistema solar. Colocaríamos, então, no mesmo nível o espaço cultural e o tempo histórico, a ordem e a mutação: esses dois elementos constituiriam o *a priori* estrutural. E estaríamos enganados. Na verdade, o "estruturalismo" é *um método que espacializa uma época, sistematizando suas principais características em um quadro, e pensa a história como passagem de um quadro a outro*; de alguma forma uma suspensão do tempo da novidade, enquanto uma figura desenvolve a identidade da época, seguida de uma aparente ruptura (a "mutação"), que não é senão o desenvolvimento de um compartimento possível no quadro, um compartimento ainda vazio:

---

[5]. *Les mots et les choses*, p. 214-6 (ed. bras., p. 278-81). A palavra "estrutura" é mencionada; o estruturalismo foucaultiano é enunciado, na terceira frase, na expressão: "... ocupa, portanto, exatamente a mesma posição que..."

Filologia, biologia e economia política não se constituem no lugar da *gramática geral*, da *história natural* e da *análise das riquezas*, mas onde esses saberes não existiam, no espaço que deixavam em branco, na profundidade do sulco que separava seus grandes segmentos teóricos e que o rumor do contínuo ontológico preenchia.[6]

No período clássico, as possibilidades de invenção da modernidade estão encerradas. Da mesma forma, balizando o solo arqueológico da modernidade, Foucault desejará indicar a situação filosófica do presente e abrir o futuro. Poderíamos nos perguntar se a "escolha" de um compartimento vazio no quadro depende de uma liberdade ou de um determinismo estrutural. Em todo caso, primeiro levaremos em conta a análise das mutações efetivas.

Dois acontecimentos para a arqueologia: aparecimento e desaparecimento da Representação

O Renascimento deu lugar à era clássica e sua ordem. A linguagem que falava a natureza (no Renascimento) se retira (na era clássica) e se torna literatura *ou* racionalidade. A reorganização cartesiana do saber substitui a *análise* matemática do universo infinito e homogêneo pela *releitura* indefinida do mundo (finito) analogicamente hierarquizado. No século XVII, a *máthesis* ordena as naturezas simples por meio dos sinais da álgebra; a *taxonomia* ordena as naturezas complexas por meio de um sistema de signos; a *gênese* analisa a constituição das ordens a partir de seqüências empíricas. Esses três elementos requerem a invenção do "espaço fundamental do quadro", mas a gramática geral, a história natural e a

---

6. Ibidem, p. 218-20 (ed. bras., p. 286). Foucault modificará essa tese em conseqüência de uma objeção de Sartre.

análise das riquezas, que pertencem ao classicismo enquanto *sistemas de signos*, não dependem nem do *mecanicismo* nem da *matematização*, mas da *máthesis*. Esta relação com uma *ordenação* leibniziana (p. 71; ed. bras., p. 78-9), anterior a qualquer medida, constitui a base da episteme clássica.

Depois, entre 1775 e 1825, a ordem clássica deixa lugar para a história – para o processo (*Geschichte*) que a filosofia procura pensar, de Hegel a Nietzsche, e para a ciência empírica dos acontecimentos (*Historie*), cujo conhecimento é buscado pelos historiadores. A saída da era clássica acontece em "duas fases sucessivas que se articulam uma à outra, mais ou menos por volta dos anos 1795-1800" (p. 233; ed. bras., p. 303). A arqueologia indica o *corte* entre essas épocas, mostrando que a gramática geral já não se torna filologia, que a história natural não se torna biologia, nem a análise das riquezas, economia política. O primeiro termo desses três pares pertence à era da ordem, o segundo à era da história. A diferença entre essas duas epistemes é irredutível. Os homens dos séculos XVII e XVIII pensam a riqueza, a natureza e as línguas a partir da *representação*.

> A linguagem é apenas a representação das palavras; a natureza é apenas a representação dos seres; a necessidade é apenas a representação da necessidade. (p. 222; ed. bras., p. 289)

Contudo, pelo final do século XVIII ocorre um evento *idêntico* nos três domínios *separados*. Aconteceu

> [...] uma ruptura ínfima, porém absolutamente essencial e que fez balançar todo o pensamento ocidental: a representação perdeu o poder de criar, a partir de si mesma, em seu próprio desdobramento e por meio do jogo que a

duplica sobre si, as ligações que podem unir seus diversos elementos.[7]

A estrutura da episteme clássica será por isso rompida – as coisas terão sua própria organização, da qual será preciso distinguir a representação subjetiva. Reteremos apenas que o *evento* que balança uma época é uma *ruptura ínfima* (um *clinâmem*...? um ponto de retrocesso...?) e não uma *decisão* ou uma *escolha* consciente. Consideremos o acontecimento em cada um de seus três domínios.

a) Da gramática geral à filologia

A era clássica irá separar as palavras e as coisas e fazer da linguagem um caso especial da representação. O olho será destinado a ver, a orelha a escutar – *unicamente*. Contudo, na era da história a linguagem não depende mais de um sistema de representações: ela "designa em suas raízes as ações, os estados e as vontades mais constantes". As análises de Bopp[8] permitem a distinção de Humboldt[9] entre *ergon* (o produto) e *enérgeia* (a atividade): a linguagem não é um produto. A linguagem não indica mais o nível dos conhecimentos de uma civilização, mas "o espírito do povo que as fez nascer, que as anima e pode nelas se reconhecer". Assim como o organismo manifesta por sua coerência as funções que o mantêm com vida, também a linguagem torna visível a vontade

---

7. Ibidem, p. 251 (ed. bras., p. 328). A generalização a todo o pensamento ocidental não será mantida em 1969.
8. Franz Bopp (1791-1867) publicou *O sistema de conjugação do sânscrito comparado com os das línguas grega, latina, persa e germânica* (1816).
9. Wilhelm von Humboldt (1767-1835) é o fundador da Universidade de Berlim e o autor de uma monumental pesquisa filológica, inacabada: *Sobre a diferença de construção da linguagem na humanidade e a influência que ela exerce sobre o desenvolvimento da espécie humana* (1836).

fundamental que mantém com vida um povo – e lhe dá o poder de falar. É o *povo* que, assumindo seu "livre destino" (p. 304; ed. bras., p. 402), fala, e cujo murmúrio Grimm ou Raynouard procuram apreender. Sabe-se que esse tema filológico teve "profundas ressonâncias políticas"...

A linguagem se torna, então, um *objeto* a estudar, ao lado dos seres vivos, das riquezas e dos acontecimentos. "Mas esse nivelamento da linguagem que a leva ao estatuto de puro objeto é compensado" pela *formalização*, pela *interpretação* e pela *literatura*. De Boole a Russell, a lógica simbólica procura resgatar as implicações universais do pensamento, independentes das singularidades da língua. E a *literatura* – "a palavra é recente" – se encerra em uma intransitividade radical, afasta-se de todos os valores da era clássica (o paladar, o prazer, o natural, o verdadeiro). Ela faz surgir, em seu espaço próprio, "tudo o que pode garantir sua negação lúdica (o escandaloso, o feio, o impossível)" (p. 313; ed. bras., p. 416). O *retorno da linguagem* na cultura contemporânea encontra-se, de uma parte, nesta "segunda crítica da razão pura" que são as pesquisas formais mostrando "a possibilidade e a impossibilidade de estruturar os conteúdos positivos"; e, de outra parte, na literatura de Roussel e Artaud, Kafka, Bataille e Blanchot, fazendo valer, "em sua vivacidade empírica, as formas fundamentais da finitude" (p. 394; ed. bras., p. 531). A literatura assim compreendida é o "rigoroso desdobramento da cultura ocidental segundo a necessidade que ela se atribuiu a si mesma no começo do século XIX" (p. 395; ed. bras., p. 532).

Sem forçar, pode-se dizer que *As palavras e as coisas* está situado nesse desdobramento: na medida em que é um livro *escrito*, ele faz surgir seu próprio espaço de contestação do humanismo. Na medida de seu estruturalismo, ele procura resgatar as invariantes formais.

b) Da história natural à biologia, e da análise das riquezas à economia

Em *O nascimento da clínica*, Broussais paradoxalmente supera Bichat. Foucault opera aqui uma inversão análoga das continuidades fáceis – enquanto, para uma história das idéias, Lamarck prenuncia o evolucionismo (enquanto Cuvier é fixista), Foucault pensa que "a obra de Cuvier supera de longe o que seria o futuro da biologia" (p. 287; ed. bras., p. 379). É que, a partir de Cuvier, o conceito de *condições de vida* renova todo o *a priori* histórico das ciências dos seres vivos que se baseava antes no das *possibilidades do ser*. As transformações de Lamarck são pensadas a partir da continuidade da história natural clássica, enquanto Cuvier introduz a descontinuidade radical das formas vivas, permitindo descobrir "uma história própria à vida". Para começo de conversa, o ser vivo é pensado por Cuvier com as condições de vida, permitindo-lhe ter uma história. Da mesma maneira, "as riquezas haviam recebido na época de Ricardo um estatuto de historicidade que ele ainda não havia formulado como história econômica" (p. 288; ed. bras., p. 381). Foucault nega a existência de um progresso linear da razão, que enriqueceria seu conhecimento com o passar do tempo...

Para Adam Smith, o trabalho é o equivalente geral: toda mercadoria representa um determinado trabalho e vice-versa. Mas Ricardo distingue o trabalho como produção do trabalho-mercadoria comprado pelo empreendedor, o que permite dizer que o trabalho como produção é a fonte de todo valor. O valor, deixando de ser um signo na troca, torna-se um produto. Assim, a teoria da produção é anterior à teoria da circulação e o tempo histórico pode introduzir-se na economia (já que as riquezas se acumulam). Além do mais, a tese fisiocrata retorna: "a aparente generosidade da terra deve-se apenas a sua crescente avareza" (p. 268; ed. bras., p. 352), exigindo – sob pena de morte – cada vez mais trabalho à medida que a população aumenta. Liberada por Kant, a finitude antropológica torna-se fundamental: diante da natureza inerte, "o que torna a economia possível, e necessária, é uma situação de raridade perpétua e fundamental". Finalmente, essa identificação do valor e da produção tem como conseqüência o fato de que a renda da terra só existe na medida em que o trabalho agrícola se torna mais duro e, "finalmente, o lucro dos empreendedores baixará na mesma medida em que aumentar a renda da terra e a retribuição operária permanecer fixa" (p. 271; ed. bras., p. 355). A partir daí, Foucault pode levar a sério o que há em comum nas análises de Ricardo e de Marx – e escrever algumas frases iconoclastas (no contexto cultural e político de 1966).

O marxismo em perspectiva

Em vez de ser "a filosofia insuperável de nosso tempo" (fórmula de Sartre), o marxismo não é mais do que uma das duas interpretações arqueologicamente possíveis da relação da antropologia e da história. Na episteme do século XIX, em economia não pode existir senão o pessimismo de Ricardo ou a promessa revolucionária de Marx.

Para o primeiro, a história "estacionará" no dia em que a raridade se limitar ela mesma por uma estabilização demográfica e o trabalho se ajustar exatamente às necessidades. Para o segundo, ao contrário, a história não permite ao homem superar uma raridade original, mas "acentua as pressões da necessidade, que faz aumentar as carências, obrigando os homens a trabalhar e a produzir sempre mais, sem receber mais que o indispensável para viver". A classe que experimenta a fome e a miséria nos limites da morte é produzida pela história e não pode atribuir à natureza espontânea das coisas "o resultado de uma história e a alienação de uma finitude que não tem essa forma" (p. 273; ed. bras., p. 358-9).

Como vemos, Marx ocupa uma casa no quadro dos possíveis do século XIX, da mesma forma que, na era clássica, presumindo o espaço contínuo da taxonomia e o tempo descontínuo dos episódios, a história natural provoca duas possibilidades epistemológicas (chamadas equivocadamente de "fixismo" e "evolucionismo").

> Sem dúvida, pouco importa a alternativa entre o "pessimismo" de Ricardo e a promessa revolucionária de Marx [...] O marxismo está no pensamento do século XIX como um peixe n'água – ou seja, em qualquer outra parte ele deixa de respirar [...] Os debates [que ele provoca] inutilmente agitam algumas ondas e desenham sulcos na superfície: não passam de tempestades em copo d'água. (p. 273-4; ed. bras., p. 359-60)

Ao contrário da lição de Althusser, Marx não introduziu nenhum "corte" no saber ocidental. E podemos nos divertir com o papel que a disposição epistêmica própria do século XIX pôde ter "para reanimar a cansada boa vontade dos humanistas".

Uma[10] arqueologia das ciências humanas (subtítulo)

As ciências humanas se repartem "como nuvem" difícil de situar. Não que o homem seja particularmente difícil de apreender – a dificuldade não provém de uma densidade elevada do objeto das ciências humanas, de um insondável mistério do homem, mas de uma postura arqueológica singular.

---

10. Dits et écrits III, p. 29.

O recuo da *máthesis* na física é seguido por novas aplicações das matemáticas, permite à biologia tomar sua autonomia e definir sua positividade relativamente à análise das relações entre órgãos e funções (e não em seu relacionamento com as matemáticas). Da mesma forma, é o recuo da *máthesis* e não o avanço das matemáticas "que permitiu ao homem constituir-se como objeto de saber". Mas o homem não é um objeto empírico que simplesmente vive, trabalha e troca, já que, por exemplo, a fisiologia não pertence às ciências humanas.

> O homem das ciências humanas é este ser vivo que, de dentro da vida a que pertence inteiramente e pela qual é perpassado em todo o seu ser, constitui representações graças às quais vive, e a partir das quais detém essa estranha capacidade de poder se representar justamente a vida. (p. 363; ed. bras., p. 487)

Da mesma forma, para o trabalho e a linguagem, as ciências humanas não analisam o que é o homem "por natureza", mas o que lhe permite saber-se vivo, trabalhador e falante. O próprio da psicologia, da sociologia e do estudo da literatura não está, portanto, no saber de um conteúdo, mas "numa posição de reduplicação" (p. 365; ed. bras., p. 490), podendo valer tanto por si mesmas (a psicologia da psicologia...) ou em uma posição "hipoepistemológica", cuja impressão "de fluidez, de inexatidão e de imprecisão" é o efeito de superfície. As ciências humanas não puderam "contornar o primado da representação", mas estabeleceram-se nelas como o saber clássico, sem pertencer à mesma episteme. Portanto, 1) a cada vez que desejamos nos servir das ciências humanas para filosofar, "imita-se a filosofia do século XVIII"; e 2) essas ciências estão "sempre animadas por uma espécie de mobilidade transcendental" (p. 375; ed. bras., p. 503), procurando mais se desmistificar do que se tornar claras ou se generalizar.

O específico das ciências humanas não é, portanto, seu objeto (o homem), mas a configuração epistemológica que lhes permite dar-se tal objeto. As ciências humanas pertencem à mesma episteme que a química ou a medicina, e não são "ilusões pseudocientíficas [ou] ciências falsas; simplesmente não são ciências". Sem possuir "os critérios formais de um conhecimento científico, pertencem, entretanto, ao domínio positivo do saber [...]. Elas constituem em sua própria figura, ao lado das ciências e no mesmo solo arqueológico, *outras* configurações do saber" (p. 377; ed. bras., p. 506), transportando conceitos de outra ciência, os quais, "perdendo toda eficácia operatória, não desempenham mais que um papel de imagem" (p. 368; ed. bras., p. 493). O homem é esse campo do *saber* que não pode ser objeto de *ciência*.

O que precede diz respeito à psicologia, à sociologia e às letras. Foucault não leva em conta todas as "ciências humanas" – por exemplo, a geografia está ausente. A história repete a "oscilação" (p. 383; ed. bras., p. 515) entre o sujeito e o objeto, desde que o *homem* se tornou *histórico*. Ao contrário, a psicanálise e a etnologia não têm nenhuma necessidade de um conceito do homem. Como diz Lévi-Strauss, "elas dissolvem o homem" (p. 391; ed. bras., p. 525). Foucault deseja uma etnologia que, rompendo com a vulgata freudo-marxista, "não assimilasse os mecanismos e as formas de uma sociedade à pressão e à repressão de fantasmas coletivos". Uma etnologia que descobrisse "como sistema de inconscientes culturais" um conjunto de "estruturas formais" para o significado dos mitos, a satisfação das necessidades e das normas. E uma psicanálise que se juntasse à etnologia, descobrindo que o inconsciente "*é* ele mesmo uma estrutura formal" (p. 391; ed. bras., p. 527). Esse programa *estruturalista*, remetendo a Lacan, Lévi-Strauss e Dumézil, também será encontrado em *Vigiar e punir* e em *A vontade de saber*.

A morte do homem e o despertar do pensamento

O "humanismo" do Renascimento e o "racionalismo" clássico privilegiam os seres humanos, mas não podem pensar o homem porque a *finitude* está negativamente compreendida como inadequação ao infinito. Assim, na terceira *Meditação* de Descartes, o sujeito só pode tomar consciência de sua finitude pela negação da idéia infinita de Deus.

> A finitude clássica explica essas formas negativas que são o corpo, a necessidade, a linguagem e o conhecimento limitado que deles se pode ter; para o pensamento moderno, a positividade da vida, da produção e do trabalho (que têm sua existência, sua historicidade e suas próprias leis) fundamenta, como sua correlação negativa, o caráter limitado do conhecimento. (p. 327; ed. bras., p. 436)

No período clássico, o *homem* não pode existir. Podia-se pensar as raças, a necessidade ou o desejo, a imaginação e a memória – mas não havia consciência *epistemológica* do homem. As ciências do homem não podiam existir. No lugar em que vemos o homem, primeiro, irrecusável, enigmático, o pensamento clássico levava em conta o poder do *discurso comum* da representação e das coisas. E quando o *tempo* é introduzido na vida, no valor econômico e nas línguas, quando desaparece o privilégio da representação, esta se torna, com relação ao indivíduo empírico, "o fenômeno – talvez menos ainda, a aparência – de uma ordem que doravante pertence às próprias coisas".

O homem se torna então, no mesmo movimento, sujeito da representação e objeto estranho. Estranho como produto da evolução biológica, das leis da economia política e das línguas carregadas de história. A finitude humana era uma ausência de infinito: o homem era uma criatura que não era Deus. Tornando-se positiva a finitude, o homem não é senão o homem. A finitude não remete a mais do que a ela mesma. O homem é essa "estranha parelha empírico-transcendental", ao mesmo tempo objeto empírico das ciências humanas e sujeito soberano de todo conhecimento.

Vê-se que o homem não é um ser eternamente misterioso: é uma invenção recente – e transitória – como *a* episteme que o tornou possível.

A antropologia – o "sono antropológico" (p. 351; ed. bras., p. 470) – tornou-se a evidência filosófica da modernidade. Foucault toma como marco dessa mudança o curso de *Lógica* no qual Kant reporta as três perguntas decisivas (*O que posso saber? O que devo fazer? O que posso esperar?*) a uma questão que as deixa "por sua conta"[11]: *o que é o homem?* Essa pergunta "pré-crítica", introduzida por Kant em um curso, apresenta "a confusão do empírico e do transcendental, cuja divisão fora, entretanto, mostrada na *Crítica da razão pura*".

Kant conta que Hume o despertou de seu "sono dogmático" (ou seja, leibniziano)[12] mostrando o solo da experiência. Foucault atualiza a expressão kantiana: seu "riso" despertaria Sartre e a filosofia contemporânea de seu "sono antropológico" – mostrando a positividade dos saberes e

---

11. *Les mots et les choses*, p. 352 (ed. bras., p. 471). Para a pré-história dessa tese no *Comentário* da Antropologia de Kant (1961), cf. B. Han, *L'Ontologie manquée de Michel Foucault*, Grenoble, 1998, p. 11-65. E *Kant sur l'anthropologie*, J. Ferrari (Org.), Paris, 1997.

12. Kant, *Prolégomènes*, prefácio e tradução para o francês de J. Rivelaygue, Pléiade, t. II, Paris, 1985, p. 23. Hume (escocês) é o mais incisivo dos empiristas anglo-saxônicos. A *Crítica da razão prática* (1788) mantém à distância a "arrogância" do empirismo, que também encontramos em Locke (inglês) ou Berkeley (irlandês).

das práticas "a todos os que desejam ainda falar do homem, de seu reino ou de sua liberação, a todos os que ainda apresentam questões sobre o que é o homem em sua essência, a todos os que desejam partir dele para ter acesso à verdade..." (p. 353; ed. bras., p. 473).

Foucault não é o primeiro a contestar o humanismo. O pensamento contemporâneo procura acordar do sono antropológico, seja por meio de "um pensamento radical do ser" (Heidegger), seja tentando "re-interrogar os limites do pensamento e assim reatar com o projeto de uma crítica geral da razão" (Russell, Wittgenstein, Carnap, etc.). Foucault pode ser interpretado segundo esses dois eixos: pelo primeiro, as epistemes são as épocas do ser; pelo segundo, são as estruturas *a priori* do conhecimento. Contudo, a referência principal do livro é Nietzsche.

Nem *páthos* heideggeriano, nem frieza dos lógicos: Foucault inscreve seu gesto na esteira de Nietzsche e no retorno da linguagem. Nietzsche foi o primeiro a experimentar o esforço do "desenraizamento da antropologia, ao qual é dedicado o pensamento contemporâneo". Solidário esforço do *riso filosófico*, "ou melhor, em parte silencioso" (p. 354; ed. bras., p. 473). Esse riso é a forma acadêmica do desprezo pela ignorância, redobrando-se na forma nietzschiana do desprezo pela seriedade acadêmica...

Pensamos ainda segundo "o pensamento da finitude que a crítica kantiana prescreveu como tarefa para a filosofia" – pensamos na forma do saber econômico (Ricardo), do saber biológico (Cuvier) e do saber filológico (Bopp), e para isto necessitamos do homem. A novidade, anunciada por Nietzsche, é a morte de Deus e o fim de seu assassino, "o esfacelamento do rosto do homem no riso e o retorno das máscaras". *Não é o anúncio* de Hölderlin, de Hegel, de Feuerbach ou de Marx, *não é* o estabelecimento de uma "permanência estável nesta terra, de onde os deuses se afastaram ou foram eliminados". A arqueologia sugere, com perguntas cuja "possibilidade de serem formuladas abre certamente para um pensamento futuro", que o homem apareceu na supressão do Discurso, e que o presente retorno da linguagem talvez vá remetê-lo de volta "a essa inexistência serena". Se um acontecimento fizesse desaparecer as disposições da moderna episteme, "então pode-se muito bem apostar que o homem se apagaria como um rosto de areia à beira-mar" (p. 398; ed. bras., p. 536).

Conclusão: *a escolha filosófica mais importante de nossa época*

A fenomenologia ocupa o primeiro lugar na filosofia contestadora do pós-guerra, na frente do positivismo e do marxismo. Na década de 1950, na França, a fenomenologia é Sartre e Merleau-Ponty prolongando a obra de Husserl, e Beaufret, o destinatário da *Carta sobre o humanismo* de Heidegger. Ora, segundo Foucault, o projeto fenomenológico de um retorno às *próprias coisas* se decompõe em uma descrição do vivido e uma ontologia do impensado. A análise do vivido é empirista, apesar dela mesma, e a arqueologia permite compreender que o *impensado*, sob os diversos nomes que toma para o pensamento moderno (o *an sich* hegeliano, o *Unbewusste* de Schopenhauer, o homem alienado de Marx, o implícito de Husserl), é o duplo do *homem*, seu Outro.

> A verdadeira contestação do positivismo e da escatologia não está em um retorno ao vivido (que, na verdade, antes os confirma, enraizando-os); mas, se ela pudesse ser exercida, seria a partir de uma questão que certamente parece aberrante, de tal modo está em discordância com o que tornou historicamente possível todo o nosso pensamento. Essa questão consistiria em se perguntar se realmente o homem existe. (p. 332; ed. bras., p. 443-4)

Essa questão deve ser tratada numa releitura de Nietzsche e Kant. Segundo Foucault, a crítica kantiana marca o limiar de nossa modernidade. A Crítica não interroga a representação segundo o movimento indefinido das combinações, mas desembaraça as *estruturas* para compreender a formação das representações. Ela pensa "fora do espaço da representação" (p. 255; ed. bras., p. 334). Foucault se inscreve neste movimento, mas sua compreensão da literatura o leva a contestar a antropologia sem aprofundar o estruturalismo kantiano.

A Crítica, ao mostrar a ilusão das filosofias do século XVIII, abre a possibilidade das metafísicas da Vida, da Vontade e da Palavra do século XIX, e permite criticar o tema antropológico nela contido. Contudo, seguindo o modelo kantiano, Foucault não tenta compreender essa limitação crítica a partir da estrutura categorial do entendimento.[13] Ele antes faz a arqueologia competir com as metafísicas do século XIX, como seu termo incerto. Certamente Nietzsche retomou, como Ricardo, Comte ou Marx, os elementos da rede arqueológica própria do século XIX: o fim dos tempos torna-se aí morte de Deus, o tema do homem passa a ser o do além-do-homem, a continuidade da história se transforma em eterno retorno. Mas ele "in-flama" essas formas e desenha

> rostos estranhos, talvez impossíveis, de seus restos calcinados; em uma luz, da qual ainda não se sabe muito bem se reaviva o último incêndio ou se indica a aurora, vemos abrir-se o que pode ser o espaço do pensamento contemporâneo.(p. 275; ed. bras., p. 362)

---

13. Em *Crítica da razão pura* (A 323), Kant mostra a formação das idéias de *Eu*, de *Mundo* e de *Deus* a partir das categorias do entendimento e mostra a ilusão da metafísica clássica que visa ao conhecimento desses pseudo-objetos.

O estilo de Foucault está mais próximo do estilo dos poetas (entre os quais deve-se contar Nietzsche) do que do rigor escolástico dos lógicos. Não obstante, ele *enuncia* uma tese a respeito da situação contemporânea: quando a teoria da representação desaparece, a análise clássica do discurso se divide entre um conhecimento empírico das formas gramaticais e um conhecimento analítico da finitude. *Daí certo número de questões, sem resposta, sobre a relação entre o ser do homem e o ser da linguagem.* Duas possibilidades: seja refletir o ser do homem e o ser da linguagem em uma unidade original, seja escavar "uma abertura indelével" e

> devolver às ilusões toda antropologia em que se tratasse do ser da linguagem, toda concepção da linguagem ou da significação que desejasse alcançar, manifestar e liberar o ser próprio do homem. É aí que talvez se enraíze a escolha filosófica mais importante de nossa época. Escolha que só se pode fazer na prova mesma da reflexão futura. Pois nada pode nos dizer por antecipação de que lado o caminho está aberto. (p. 350; ed. bras., p. 468)

Os livros seguintes dão a impressão de que Foucault realmente parece não fazer nenhuma *escolha* e percorrer, paradoxalmente, as duas possibilidades, "inflamando-as"; em *A arqueologia do saber*, lê-se uma compreensão do ser da linguagem na direção de uma teoria dos *enunciados* que põe entre parênteses a gramática e a lógica. Em *Vigiar e punir* e em *A vontade de saber*, uma compreensão do corpo e da alma que assinala a formação corporal da alma, e o cuidado de si do corpo no aprofundamento da diferença do normal e do patológico – portanto, uma análise do ser do homem, para além do humanismo, mediante uma crítica da pena, da saúde, da sexualidade. Contudo, os dois últimos livros de *História da sexualidade* abandonam a *arqueologia*[14] e não têm mais o mesmo *estilo* flamejante que singularizava os precedentes.[15] Como se, tendo *inflamado* as duas possibilidades, Foucault passasse a outro assunto.

A descrição da "escolha filosófica" que o livro dá em 1966 não é, portanto, completa, já que, apesar desses abandonos, permanecem o nome do autor e o título do projeto, *História da sexualidade*. Assim, é preciso estabelecer a que lógica obedece Foucault, ou seja, compreender a estrutura filosófica real *em que* ele pensa.

Crítica

1) Se a publicação dos dois livros precedentes foi bastante confidencial, o efeito do livro de 1966 foi notável.[16]

> Da parte de todo o mundo: *Les Temps Modernes*, *Esprit*, *Le Nouvel Observateur*, da direita, da esquerda, do centro. Houve um degelo de todos os lados. O livro não deveria ter vendido mais de duzentos exemplares – e vendeu dezenas de milhares.[17]

Um desenho representa Foucault ao lado de Lacan, Lévi-Strauss e Barthes sentados para um "*déjeuner sur l'herbe*" dos estruturalistas.[18] Magritte enviou-lhe uma carta imensa acompanhada da reprodução de seu quadro *Isto não é um cachimbo* – que Foucault comentará num

---

14. "[Esta palavra] que agora não emprego mais" (1983): *Dits et écrits* IV, p. 443.
15. "Agora tento me desprender dessa forma de filosofia" (1984): ibidem, p. 697.
16. Cf. D. Macey, op. cit., p. 187-90.
17. *Dits et écrits* IV, p. 70. Em abril de 1966, 3.500 exemplares, 5.000 em junho, 3.000 em julho, etc. Cf. Didier Eribon, op. cit., p. 183.
18. *La Quinzaine Littéraire*, 1-15 de julho de 1967.

artigo publicado em 1968.[19] O livro é mencionado no filme *A chinesa*, de Jean-Luc Godard (1967), e um romance de Simone de Beauvoir ridiculariza sua presença em conversas na moda; a própria Simone considera Foucault "muito poeirento"[20] – o que fará Canguilhem dizer que "a camada de poeira em cima dos livros mede a superficialidade das mulheres de letras[21]... Certamente, este cumprimento não se aplica ao artigo de P. Burgelin, intitulado "A arqueologia do saber" e publicado em 1967 na revista (cristã de esquerda) *Esprit* – o autor receia que a morte de Deus só deixe lugar para o *fatum* versão tecnocrática.[22]

Entre os sartrianos e os marxistas encontramos essa acusação de "tecnocratismo", com a incriminação de "gaullismo". O estruturalismo que reduz o sujeito a nada destrói o próprio conceito de engajamento político, e a concepção tecnocrático-gaullista da história paralisa as épocas. A objeção política, espantosa em materialistas históricos, é que a "ideologia dos tecnocratas"[23] torna a ação política impossível, pois os possíveis são predeterminados.

---

19. "Isto não é um cachimbo", *Les Cahiers du Chemin*, janeiro de 1968. Reeditado por Fata Morgana em 1973.
20. Simone de Beauvoir, *Les belles images*, Paris, 1966; e entrevista com Jacqueline Piatier, *Le Monde* de 23 de novembro de 1966. Cf. D. Eribon, op. cit., p. 171, nota 1. Os sartrianos atacam em *Les Temps Modernes* de janeiro de 1967.
21. G. Canguilhem, "Mort de l'homme ou épuisement du cogito" ["Morte do homem ou esgotamento do cogito"], em *Critique*, nº 242, julho de 1967, p. 610. Cf. D. Eribon, op. cit., p. 173.
22. P. Burgelin, "L'archéologie du savoir", *Esprit*, 1967 – o livro de Foucault com o mesmo título é de 1969.
23. J. Colombel, "Les mots de Foucault et les choses", *La Nouvelle Critique*, abril de 1967, p. 8. Citado por D. Eribon, op. cit., p. 167. Depois de sua ruptura com o PCF, J. Colombel publicou um livro intitulado *Michel Foucault*, Paris, 1994. Desde 1963, H. Lefèbvre busca uma aproximação crítica entre estruturalismo e tecnocracia (cf. contra Lévi-Strauss e Barthes, "Réflexions sur l'estruturalisme et l'Histoire", em *L'idéologie structuraliste*, Paris, 1971.

Foucault é "a última barreira que a burguesia ainda pode erguer contra Marx"![24] Foucault respondeu, depois de Canguilhem, que Cavaillès – que se interessava pelas estruturas internas das matemáticas – morreu na Resistência, enquanto os filósofos do engajamento nada fizeram.[25] A objeção de Sartre é também que se trata, de fato, de *geologia* – não encontrar testemunhos da *ação* dos homens do passado (a "práxis"), mas uma série de "sucessivas camadas" sem mobilidade, tornando impossível o *engajamento* revolucionário. Para Sartre, a perspectiva de Foucault permanece histórica, mas ele "substitui o cinema pela lanterna mágica, o movimento por uma sucessão de imobilidades".[26] Foucault responderá no mesmo tom em 1969:

> Aos últimos ociosos, será preciso mostrar que um "quadro" [...] é formalmente uma "série de séries"? De qualquer forma, não é absolutamente uma imagenzinha fixa que se coloca diante de uma lanterna para enorme decepção das crianças que, em sua idade, preferem, com certeza, a vivacidade do cinema.[27]

Dito isto, Foucault tomará a objeção a sério[28] e, perto do final da vida, Sartre abandonará a tese do marxismo insuperável. Tornando-se um igual de Sartre nos planos filosófico e político, Foucault conduzirá ações concretas e distinguirá claramente Sartre (antigo *companheiro de estrada*) de Garaudy (excluído do Bureau Politique).[29]

---

24. "Jean-Paul Sartre répond", em *L'Arc*, nº 30, 1966, p. 86-7. Cf. D. Eribon, op. cit., p. 168.
25. *Dits et écrits* IV, p. 586. Cf. D. Eribon, op. cit., p. 175. V. o julgamento matizado de J. Colombel, op. cit., p. 283, nota 29.
26. "Jean-Paul Sartre répond", op. cit., p. 87.
27. *Archéologie du savoir*, p. 19, nota (ed. bras., p. 12, nota 2).
28. Ibidem, p. 217 (ed. bras., p. 191); e *Dits et écrits* I, p. 669, nota 4.
29. *Dits et écrits* I, p. 656-7.

Enfim, é preciso mencionar a leitura atípica mas historicamente importante de Maurice Clavel[30], que interpretava a morte do homem como a morte do "homem sem Deus" – depois de maio de 1968.

Em tudo isso não se discute o detalhe das teses do livro. Se deixamos de lado as fórmulas provocadoras dirigidas contra os humanistas, acredita-se (como Lacan, contestando a leitura foucaultiana do quadro *As meninas*) que, em essência, a obra gira em torno de Velásquez ou de Cervantes – ao passo que Foucault diz que apenas se "diverte mostrando no *Quixote* essa espécie de decomposição do sistema dos signos verificada nas ciências nos anos de 1620 a 1650".[31]

Em compensação, ao situar Foucault na linha das obras de Dumézil, Lévi-Strauss e Martinet, Canguilhem assume a defesa do método estrutural – mas toma certa distância da neutralização do "valor racional" dos conhecimentos estudados.[32] Raymond Aron convida Foucault para seu seminário em março em 1967. No entanto, é preciso esperar a primavera de 1968 para que o livro se torne objeto de uma palestra universitária, em Montpellier, e é em 1970 que Foucault confronta suas análises sobre Cuvier, Lamarck, Darwin, etc. com a crítica cerrada dos historiadores das ciências.[33] Ele reafirma as posições do livro e as

---

30. M. Clavel, jornalista influente do *Nouvel Observateur*, lançará com B.-H. Lévy o grupo dos "novos filósofos" no final dos anos 70. Por seu intermédio, e pelo de J.-M. Domenach (redator-chefe da revista *Esprit*), que colaborava no Grupo de Informação sobre as Prisões, a morte do homem diagnosticada por um nietzschiano alimentará a renovação do cristianismo social – o que certamente teria divertido Nietzsche...
31. *Dits et écrits* II, p. 171.
32. Cf. *Les mots et les choses*, p. 13 (ed. bras., p. XVIII), e Canguilhem, op. cit., p. 612-3.
33. Dagognet, Canguilhem, Piveteau, Courtès, Limoges, Conry, Grmek, Saint-Sernin, Leroy, Salomon, Balan, Delorme, cf. *Dits et écrits* II, nº 77, p. 30-66 e p. 160-3 (Fr. Jacob).

completa por meio de um rápido comentário sobre a inexistência do autor na história das ciências e uma especificação do humanismo como resultado de "uma transformação que se havia produzido no terreno da história das ciências"[34] com o surgimento dos temas científicos da Morte, da Sexualidade e da História.

2) O julgamento de Foucault sobre seu livro se alia com a sua recepção: ele passa de um apoio ao estruturalismo a uma crítica provocadora a essa moda. Primeiramente ele se apresenta como o "filho de coração do estruturalismo" que balança a campainha e provoca o grito dos incrédulos.[35] Imediatamente depois da saída do livro, ele dá uma interpretação determinista das descobertas "de Lévi-Strauss, de Lacan, de Dumézil", indicando que a tarefa da filosofia atual é esclarecer "o fundamento sobre o qual nosso pensamento 'livre' emerge e cintila por um instante", estando o próprio autor Foucault "já constrangido por um sistema por trás do sistema".[36] Em 1967, ele se opõe ainda aos "pios descendentes do tempo" (Sartre) e aos "habitantes obstinados do espaço"[37], e classifica o estruturalismo entre os últimos.

No entanto, ele começa a se distanciar, já que deseja analisar "em termos de estrutura o surgimento do próprio estruturalismo".[38] Em 1969, recusa-se a continuar a luta pelo estruturalismo, "que pôde ser fecundo, [mas] agora só é conduzida pelos imitadores e pelos estrangeiros".[39] Esse

---

34. *Dits et écrits* II, p. 64.
35. *Dits et écrits* I, p. 581.
36. *Dits et écrits* I, p. 515. O texto saiu em maio de 1966. Sobre o contexto político da luta contra "o charco moralizador dos sermões humanistas", cf. *Dits et écrits* IV, p. 666.
37. *Dits et écrits* IV, p. 752. Texto escrito em 1967 e publicado em 1984.
38. *Dits et écrits* I, p. 583.
39. *Archéologie du savoir*, p. 261 (ed. bras., p. 227).

tom enviesado finalmente se transforma em oposição. Em 1969, a versão francesa de um texto publicado originalmente em 1967 (em português), *acrescenta* que, naquilo que faz, "não se trata [...] exatamente do problema do estruturalismo".[40] Ele afirma mesmo que o livro não pronuncia jamais a palavra "estrutura"[41] e que não há ninguém mais "antiestruturalista" do que ele![42] Depois da célebre conferência sobre o "autor", exige que "todas as facilidades sobre o estruturalismo [lhe] sejam poupadas".[43] Na edição inglesa, em 1970, Foucault repete a contestação[44] e em 1972 declara que "só os idiotas e os ingênuos" – chamar-se-iam Piaget? – "podem imaginar" que ele seja estruturalista![45]...

Diz, em 1974, que Deleuze, Lyotard, Guattari ou ele "jamais analisam estruturas".[46] Em 1977, no Japão, lamenta que nenhum comentador tenha observado "que em *As palavras e as coisas*, que passa por ser meu livro estruturalista, a palavra 'estrutura' não é utilizada uma única vez..."[47] e sustenta que nesse livro as metáforas espaciais são estudadas apenas "enquanto objetos"![48] Em 1984, diz-se "pasmo por constatar que as pessoas tenham conseguido ver em [seus] estudos históricos a afirmação de um

---

40. *Dits et écrits* I, p. 605.
41. *Archéologie du savoir*, p. 261 (ed. bras., p. 227).
42. *Dits et écrits* III, p. 145 e IV, p. 80.
43. *Dits et écrits* I, p. 816.
44. *Dits et écrits* II, p. 13.
45. Ibidem, p. 296.
46. Ibidem, p. 554. A galáxia mudou: Deleuze, Lyotard, Guattari, e não mais Lévi-Strauss, Lacan, Dumézil.
47. *Dits et écrits* III, p. 399 e p. 89. A palavra seria apenas *mencionada* (*Dits et écrits* II, p. 374).
48. *Dits et écrits* IV, p. 284. E os *quadros* da página 225? E o "triedro dos saberes" (p. 355)?

determinismo ao qual não se pode fugir"[49], e interpreta a *História da loucura* num sentido antipsiquiátrico.

Poderíamos, portanto, taxar Foucault de frívolo ao insistir numa busca de originalidade que o leva a queimar o que já adorou.[50] Contudo, o tom enviesado que ele usa para se manter à parte dos "forasteiros" não pode se explicar apenas pela vontade de se distinguir – se a questão é continuar a fazer parte dos "que trabalham".[51] Por um lado, trata-se de manter uma exigência de rigor longe da tagarelice da mídia (ainda que a alimente); por outro lado, pode-se presumir uma lógica de pensamento em suas rupturas – e estaria aí o indício maior de um problema interno do *pensamento de Foucault*. Se conseguíssemos desvendar "o sistema atrás do sistema", talvez pudéssemos compreender a lógica de seu percurso e a virulência de suas contestações.

Para tanto, a ruptura verbal com o estruturalismo não ocasiona uma ruptura fundamental na compreensão da cultura. De 1960 a 1966, Foucault fala de *estrutura* e introduz a *episteme* e, nos anos 70, o *dispositivo*. Poder-se-ia dizer que cada conceito substitui e *desloca* o precedente, mas tem-se antes a impressão de que ele muda o nome e o aprofunda. Assim, em 1977 ele permite que se imprima: "por dispositivo, entendo uma espécie – digamos – de formação que, em dado momento histórico, teve por função maior responder a uma urgência." Essa definição é seguida de referências ao conteúdo das análises da *História da loucura* e de *A vontade de saber*, e *o interlocutor propõe uma formulação que Foucault aprova*: "um dispositivo se define por uma estrutura de elementos heterogêneos, mas

---

49. Ibidem, p. 693.
50. Cf. *Archéologie du savoir*, p. 28 (ed. bras., p. 20); cf. Richard Rorty, "Identité morale et autonomie privée", em *Michel Foucault philosophe*, Le Seuil, Paris, 1989, p. 386.
51. *Archéologie du savoir*, p. 261 (ed. bras., p. 227).

também por um certo tipo de gênese."⁵² A "formação" é a estrutura (arqueologia) e a gênese (genealogia).

As palavras e as coisas mostrava como rupturas ínfimas permitem o surgimento e depois o desaparecimento de uma episteme e chamava de "estruturalismo" a compreensão dessa gênese e dessa estrutura. O que permanece constante em seu anti-humanismo é o sentimento da ineficácia das idéias verdadeiras. Habermas encontrou textos nazistas sob a pena de um grande kantiano, e Foucault sob a pena de um arauto dos valores universais do estoicismo.

> Nada disso condena o estoicismo ou o kantismo, é claro... Mas as "melhores" teorias não constituem uma proteção muito eficaz contra escolhas políticas desastrosas.⁵³

Seus julgamentos sobre o livro igualmente variam. Segundo Foucault, Hyppolite seria o único a ter enxergado o lado "trágico", sob o título irônico.⁵⁴ Imediatamente depois da publicação, Foucault enfatiza a oposição a Sartre:

> Mais do que procurar explicar este saber [comum que torna possíveis as teorias, as instituições, as justificações religiosas, os costumes] de um ponto de vista do prático-inerte, procuro formular uma análise do que se poderia chamar o "teórico-ativo".⁵⁵

Mas, no fundo, a objeção de Sartre atingiu o alvo e Foucault escreverá uma parte do livro seguinte para responder a isso.⁵⁶

---

52. *Dits et écrits* III, p. 299.
53. *Dits et écrits* IV, p. 585.
54. *Dits et écrits* I, p. 29 e p. 776.
55. Ibidem, p. 498, p. 541-2 e p. 654-8.
56. Ibidem, p. 787-8 e *Archéologie du savoir*, p. 19 (ed. bras., p. 12-3).

A primeira autocrítica visa ao "estatuto ambíguo, absolutamente privilegiado, meta-histórico" conferido a Nietzsche[57] que leva a arqueologia em direção da genealogia mais do que do estruturalismo. Foucault diz então duas coisas dificilmente compatíveis: 1) o estruturalismo reivindicado não é a posição essencial do livro, o qual deve ser lido em um sentido genealógico (ou seja, visando, pela compreensão histórica da formação das mentalidades, ao "diagnóstico do presente");[58] 2) o perspectivismo nietzschiano é "uma fraqueza" do livro.

Em 1970, o prefácio da edição inglesa pede uma leitura "estritamente 'regional'" dos trechos que poderiam ser interpretados como descrições pesadas da "ciência clássica", por exemplo[59], e uma leitura historicizante sem remeter a uma consciência fenomenológica ou transcendental.[60]

Depois da publicação do livro seguinte, ele estima que *As palavras e as coisas* fosse, "em certo sentido, teórico demais, e, em outro sentido, insuficientemente teórico"[61], que lhe faltava reflexão metodológica sobre a *arqueologia* e que não conseguia mostrar "as próprias práticas pré-discursivas".[62]

Em 1977, Foucault assinala dois sentidos do conceito de *poder*, ainda confundidos nos anos 60: aquele "que pesa de fora sobre a ciência" – as instituições, por exemplo – e o "regime interior de poder dos enunciados científicos" que visa a elucidar o livro... como os enunciados *se regem* para serem cientificamente aceitáveis?[63] *As palavras*

---

57. *Dits et écrits* I, p. 599.
58. Ibidem, p. 606.
59. *Dits et écrits* II, p. 8 e p. 808.
60. Ibidem, p. 10-2.
61. Ibidem, p. 158.
62. Ibidem, p. 162 e p. 410.
63. *Dits et écrits* III, p. 143.

e as coisas apenas assinala e descreve os diferentes regimes de verdade, sem conseguir explicá-los:

> O que faltava a meu trabalho era o problema do regime discursivo [...]. Eu o confundi demais com a sistematicidade, a forma teórica ou algo como o paradigma. No ponto de confluência de *História da loucura* e de *As palavras e as coisas* havia, sob dois aspectos muito diferentes, esse problema central do poder que eu ainda tinha isolado muito mal.[64]

A partir de meados dos anos 70, esses dois aspectos parecem compreensíveis sob o conceito abrangente de "dispositivo", permitindo evitar a definição centralista do poder (uma instância que pode coagir uma outra: o papa e o fiel, Napoleão e o cidadão, etc.). A episteme é então um dispositivo entre outros, um "dispositivo especificamente discursivo".[65] Se não é estruturalista, é porque – ao contrário do gelo do tempo próprio às análises estruturalistas – o livro faz "uma *história* dos mecanismos de poder no interior dos discursos científicos: a que regra se é obrigado a obedecer em certa época, quando se deseja ter um discurso científico sobre a vida, a história natural, sobre a economia política?".[66] Se a questão é "estruturar organicamente o saber em esquemas imediatamente compreensíveis"[67], estes não devem ser interpretados como categorias inconscientes eternas, mas como formas precisas, permitindo aos *combates* se pensar, ao passo que os conceitos de "espírito," de "mentalidade"

---

64. *Dits et écrits* III, p. 144 e p. 583. *Dits et écrits* IV, p. 781.
65. *Dits et écrits* III, p. 301.
66. Ibidem, p. 402.
67. Ibidem, p. 678.

ou de "ideologia" são fluidos – e o materialismo dialético é uma verborréia. Então, o conceito de *acontecimento* pode reencontrar um lugar na história e Foucault pode reintroduzir as metáforas espaciais estruturalistas:

> Construir, em torno do acontecimento singular analisado como processo, um "polígono", ou melhor, um "poliedro de inteligibilidade" cujo número de faces não é definido...[68]

O tema da "morte do homem" deve ser entendido em relação à autoprodução histórica do homem, recusando a interpretação naturalista e a essencialista: não se trata de produzir o homem natural (nostalgia rousseauniana do segundo estado de natureza) ou de liberar a essência do homem do capitalismo que a desfigura (interpretação humanista de Marx). A questão é destruir o que somos e criar "uma coisa completamente diferente", "algo que não existe e que não podemos saber o que será".[69] Desse ponto de vista, a ruptura de Foucault com suas próprias posições pertence a essa abertura do futuro. Contudo, o livro confundia sob a célebre expressão a *constatação* de que as ciências do homem não mantêm sua promessa e o *deslocamento* contemporâneo da subjetividade.

> Os homens se envolvem perpetuamente num processo que, constituindo objetos, ao mesmo tempo o desloca, o deforma, o transforma e o transfigura como sujeito.[70]

---

68. *Dits et écrits* IV, p. 24 (texto de 1968, publicado em 1980).
69. Ibidem, p. 74. "Ele" está no texto como se, no significante foucaultiano, a *coisa* cedesse o passo ao *homem*...
70. Ibidem, p. 75. "O" não remete a "processo", mas "aos homens", que implicitamente se tornam "o homem".

De modo que o livro deve ser compreendido em relação a uma pesquisa "crítica" sobre a constituição do conhecimento do sujeito como objeto.[71]

> Procurei saber como o sujeito humano entrava nos jogos de verdade, quer sejam jogos de verdade que tenham a forma de uma ciência ou se refiram a um modelo científico, quer sejam jogos de verdade como os que se pode encontrar em instituições ou em práticas de controle. É o tema de meu trabalho *As palavras e as coisas*, no qual tentei ver como, nos discursos científicos, o sujeito humano irá se definir como sujeito que fala, que vive, que trabalha.[72]

No encerramento de seu trabalho, esse livro de 1966 não é mais um manifesto estruturalista, mas a reflexão de um *autor* (cf. "tentei ver") sobre "o sujeito humano"... Entretanto, se a distância tomada equivale a uma reelaboração do sentido de seu conteúdo, não se trata de uma rejeição pura e simples, como a que toca seu primeiro livro.[73]

3) O problema de *As palavras e as coisas* é interessante e a precisão do material é notável. Contudo, sem retomar o detalhe do livro, pode-se notar um equívoco relativo ao estatuto da economia (é uma ciência?) e a confusão de certas análises. Destacarei quatro dificuldades:

a) Primeiramente, lembrarei três objeções: 1) O exame histórico não permite de modo algum sustentar que "em uma cultura em um dado momento existe apenas

---

71. *Dits et écrits* IV, p. 633 e p. 656.
72. Ibidem, p. 709.
73. Ibidem, p. 665.

uma episteme que define as condições de possibilidade de todo saber"[74]; a teoria das assinaturas de Paracelso não pertence à mesma episteme de sua recusa por Vesálio ao fundar a anatomia[75], e é difícil aproximar a taxonomia de Belon, saudada por Buffon, da teratologia fantástica de Aldrovandi.[76] 2) Ao contrário, não há ruptura total entre as épocas: "a sucessão Galileu, Newton, Einstein não apresenta rupturas semelhantes às assinaladas na sucessão Tournefor, Lineu, Engle na sistemática botânica."[77] 3) Por fim, na química, as clivagens em torno do "flogístico"[78] mais dependem da sociologia da ciência do que da mudança de episteme.[79] Todavia, em certo sentido essas objeções serão admitidas por Foucault.

b) Poderíamos questionar o *estilo* do livro, a partir de uma dificuldade relacionada com o estatuto da linguagem. Depois da reorganização da era clássica, responsável pela "disposição na qual ainda estamos presos" (a separação entre as palavras e as coisas), "a literatura não existiria em sua autonomia [...] senão formando uma espécie de 'contra-discurso' e remontando da função representativa ou significante da linguagem a esse ser bruto esquecido desde o século XVI".[80] Na tese de 1961, essa função

---

74. *Les mots et les choses*, p. 179 (ed. bras., p. 230), citado em J. G. Merquior, *Foucault ou le nihilisme de la chaire*, Paris, 1986, p. 69. Cf. p. 74 e p. 78. O autor fez uma longa entrevista com Foucault em 1971 (cf. *Dits et écrits* II, p. 157-74).

75. J. G. Merquior, op. cit., p. 65.

76. Ibidem, p. 72.

77. G. Canguilhem, op. cit., p. 613.

78. *Flogística*: fluido especial supostamente inerente a qualquer corpo, que entraria em combustão ao abandonar esse corpo. Lavoisier destruiu essa interpretação da combustão ao mostrar que esta é uma combinação química. [Nota do Editor Francês]

79. J. G. Merquior, op. cit., p. 76.

80. *Les mots et les choses*, p. 58-9 (ed. bras., p. 60).

subversiva atribuída à literatura em *As palavras e as coisas* se junta à conservação pelos poetas loucos (Nerval, Artaud) da louca tragédia irredutível à desrazão.

Se as epistemes estão separadas entre si por cortes, não se vê como pode subsistir um traço arcaico no reino clássico da Representação, nem como ele pode retornar depois de seu desaparecimento (o "retorno da linguagem"). Como pode esse traço passar aforismos de Nietzsche e delírios de Roussel na prosa de Foucault – a não ser conservando uma experiência impossível (o estilo é o homem...)? E se essa experiência poética atravessa as eras, por que a experimentação científica não teria também um aspecto anistórico? Ao contrário, se mantemos o corte entre as epistemes, não compreendemos muito bem que estatuto possui o conceito foucaultiano de *quadro* – não é este o conceito central da era clássica?

c) Por outro lado, o anti-humanismo é pensado segundo o mesmo conceito com que é pensado o humanismo.

As duas referências principais de Foucault são Kant e Nietzsche. Este permite historicizar o conceito de *a priori* que o primeiro forja, portanto dá uma descrição arqueológica dos limites do conhecimento (na direção dos arquivos, não das formas da razão). Em Kant, Foucault distingue a reflexão crítica do curso de antropologia, e sugere que o pensamento contemporâneo poderia repetir o despertar crítico *contra* o sono antropológico. Ele dará um sentido completamente explícito a essa posição nos textos do final dos anos 70.[81] Em Nietzsche, ele discerne a manutenção do tema antropológico (sob a figura do além-do-homem), mas estima que o perspectivismo *inflama* todas as formas estáveis. Evidentemente, é nessa filiação incandescente que

---

81. A conferência *Qu'est-ce que la critique?* [*O que é a crítica?*] e os comentários de *Was ist Aufklärung?* [*O que é Iluminismo?*]

ele situa seu gesto crítico, contraditório com a frieza do enunciado estruturalista.

Mas se a *Crítica da razão pura* é o limiar de nossa modernidade, Foucault não recai na ilusão metafísica dos pensadores pré-críticos? Mesmo "inflamada", a referência nietzschiana ao além-do-homem rompe com o credo antropológico? Por que se manter na orla do sono antropológico e do despertar nietzschiano do pensamento, enquanto a *Crítica*, antecipadamente, *segundo Foucault*, já contestou esse desvio pós-kantiano? A modernidade da reflexão crítica é livrar-se das *estruturas* para compreender a formação das representações. Inicialmente, Foucault se inscreve nesse movimento. Contudo, o símbolo que anima seu pensamento em *História da loucura* e o uso trans-histórico que ele faz da literatura – ao mesmo tempo que o recusa à ciência – não lhe permitem prosseguir a contestação *crítica* da antropologia.

A crítica de Hume forçou Kant a pôr a filosofia *no caminho seguro de uma ciência* – por meio da reflexão crítica.[82] Contudo, em um curso o professor de Königsberg resumiu o trabalho (do autor) da *Crítica, juntando* a questão antropológica às três questões críticas[83], *sem qualquer rigor sistemático*.[84] Para tentar uma repetição da reflexão crítica, é preciso recusar o desvio humanista do professor de Königsberg, desvio esse que se encontra em Fichte e Marx, ou no Sartre de *O ser e o nada*, e depois no

---

82. Kant, *Critique de la raison pure*, B XIX, B 795 e B 869; cf. J. Vuillemin, *Physique et métaphysique kantiennes*, Paris, 1955, p. 29.
83. O que mostra A. Renaut em sua tradução francesa da *Antropologia* de Kant, Paris, 1993, p. 6.
84. Vuillemin pensa o sistema teórico a partir da tabela de categorias, e é preciso pensar assim as categorias da liberdade (*Crítica da razão prática*); não é neste rumo que se empenha a leitura humanista (Renaut, op. cit., p. 28), de onde seu desprezo pelo trabalho "escolástico" (cf. sua tradução para o francês da terceira *Crítica*, p. 509, nota 122).

Sartre de *Crítica da razão dialética*. Isto presume uma reflexão levada a efeito a partir das categorias do entendimento[85] e a colocação do homem entre parênteses no enunciado da lei prática, no sentido literal da *Crítica da razão prática*.[86]

Mas esse não é o caminho de Foucault: a partir do momento em que não procede segundo o rigor da reflexão crítica, ele cai sob o golpe de uma ilusão apontada por aquela.

Com efeito, o estruturalismo foucaultiano importa, sob a forma de imagem, o conceito de estrutura da botânica clássica, assim como o golpe de vista (em *O nascimento da clínica*) poderia caracterizar a arqueologia foucaultiana e *História da loucura* se apoiava no conceito cartesiano da liberdade. A crítica foucaultiana da modernidade parece pré-crítica, e uma leitura protocristã buscaria reencontrar uma experiência da fraternidade, anterior à modernidade racionalista.

O tempo deixou, contudo, de ser providencial para Foucault. O *acontecimento* que abala uma época é uma *ínfima ruptura*[87] e não uma *decisão* ou uma *escolha* consciente. Se há uma indeterminação do futuro, esta não provém nem de uma distância entre a finitude humana e a infinidade da providência divina, nem da liberdade de um *ego*, nem da responsabilidade das estratégias que decidem a batalha naval de amanhã. Ela provém de uma indeterminação do ser. É de dentro das estruturas que emergem por acaso ("ruptura") que a liberdade, reivindicada por Foucault contra o estruturalismo, poderá atuar.[88]

---

85. *Crítica da razão pura*, B 317 (inútil fazer intervir o homem para a reflexão, basta seguir as categorias).
86. *Crítica da razão prática*, § 7, corolário.
87. *Les mots et les choses*, p. 251 (ed. bras., p. 328).
88. *Dits et écrits* IV, p. 781.

Uma liberdade em situação, com uma análise precisa das *situações*...

A *Crítica da faculdade do juízo* (§ 70) de Kant mostra a necessidade estrutural e transcendental do conflito entre mecanicismo e finalidade. Foucault, ao contrário, vê no conflito entre fixismo e evolucionismo o desenvolvimento de uma dupla exigência científica da história natural[89], mas refere-o a um *a priori histórico*. Teríamos então duas compreensões possíveis do *a priori* – segundo categorias historicamente compreendidas (Foucault) ou independentes em relação ao tempo (Kant).[90] Veremos novamente essa separação em *A arqueologia do saber*, mas por enquanto poderíamos dizer que, segundo a interpretação anistórica das estruturas *a priori*, a ontologia foucaultiana deve ser situada, como a de Nietzsche, nos *idealismos da finalidade* do gênero *acaso*[91] – processos descontínuos e sem sujeito. Com essa observação, teríamos um começo de determinação para pensar, segundo uma arqueologia filosófica, "o sistema por trás do sistema" que rege Michel Foucault.

d) Finalmente, em um livro tão bem formulado, Foucault sente necessidade de retificar sua tipologia ética:

> fora das morais religiosas, o Ocidente sem dúvida conheceu apenas duas formas de ética: a antiga (sob a forma do estoicismo e do epicurismo) se articulava sobre a ordem do mundo [...] em compensação, a moderna não formula nenhuma moral na medida em que todo imperativo habita o interior do pensamento e do seu movimento para captar o impensado.

---

89. *Les mots et les choses*, p. 163 (ed. bras., p. 206).
90. *Dits et écrits* II, p. 371-2, e *Archéologie du savoir*, no fim.
91. Kant, *Crítica da faculdade do juízo*, § 72, V 391. Veja *Dits et écrits* II, p. 148.

É de surpreender a ausência de Platão e Aristóteles na referência à antiga ordem cósmica. Contudo, o importante está em uma nota:

> Entre as duas [a antiga e a moderna], o momento kantiano serve de articulação: é a descoberta de que o sujeito, *enquanto dotado de razão*, se dá sua própria lei, que é universal.[92]

Esta compreensão da *autonomia* como "articulação" retoma o modelo hegeliano do "ponto de partida da filosofia prática".[93] A diferença é que Hegel vê no Estado moderno a realização da razão, enquanto Foucault, apesar da colocação em perspectiva arqueológica de Ricardo e de Marx, vê aí, irônica ou tragicamente, um mundo sem coração.[94] O que fazer então da autonomia? Por que a contestação da reconciliação hegeliana mantém essa interpretação da autonomia como articulação entre o Antigo e o Moderno?

Ao reler Platão, Aristóteles e Sêneca (em 1984), Foucault buscará manter o imperativo crítico de destruição da ontologia normativa... contra a autonomia. Reintroduzindo uma forma de humanismo (o cuidado de si), ele introduzirá o tema da "estética da existência" a partir de uma distorção do início da *Crítica da faculdade do juízo* contra a autonomia analisada na *Crítica da razão prática*...

Começamos então a divisar uma coerência reativa da reflexão foucaultiana.

---

92. *Les mots et les choses*, p. 338-9 (ed. bras., p.452).
93. Cf. A. Stanguennec, op. cit., p. 187. Cf. a crise do jovem Hegel em A. Stanguennec, *Hegel*, Paris, 1997, p. 32.
94. Cf. *Naissance de la clinique*, p. 86 (ed. bras., p. 97), e os sarcasmos sobre a normalização do louco por Pinel em *História da loucura*.

5
A arqueologia do saber (1969)

Foucault pensa que a leitura desse livro é "bastante difícil"[1] – talvez porque sua redação lhe tenha exigido um trabalho fora do comum. Ele explicita o método seguido em seus livros precedentes e responde à objeção de Sartre, enquanto antes relativizava (a loucura, a medicina e as ciências humanas) e atacava (o humanismo do mundo moderno) sem se preocupar com método ou diálogo. Esse livro foi precedido por duas intervenções importantes, o artigo *Resposta a uma pergunta* e a discussão com o Círculo de Epistemologia.[2]

> Em *História da loucura* e *O nascimento da clínica*, eu ainda estava cego para o que fazia. Em *As palavras e as coisas*, um olho estava aberto e o outro fechado [...] Enfim, na *Arqueologia*, procurei precisar o lugar exato de onde eu falava.[3]

Este lugar é conflituoso. O método estrutural causou uma reação que "lamenta o uso ideológico da história" (p. 24; ed. bras., p. 17). Uma história global em termos de

---

1. *Dits et écrits* I, p. 777.
2. Ibidem, p. 58 e p. 59.
3. *Dits et écrits* II, p. 158.

visões de mundo responde ao descentramento operado por Marx; uma interpretação de Nietzsche "nos termos da filosofia transcendental" responde à genealogia inaugurada pelo filósofo do martelo; às pesquisas da psicanálise, da lingüística e da etnologia, Sartre opõe uma compreensão dos caminhos da liberdade. Todas essas reações "conservadoras" visam a um "sono tranqüilizado". Foucault ria dessas reações – e explica agora por quê.

Ele distingue três tipos de história das ciências: 1) a *análise recorrencial*, que se situa no quadro de uma ciência formalizada – Michel Serres considera, por exemplo, que o método grego das exaustões é um modelo ingênuo do cálculo integral; 2) a *análise epistemológica* que, de Gaston Bachelard a Georges Canguilhem, descreve os obstáculos que uma ciência encontra em sua constituição; e 3) a *história arqueológica*, a análise da episteme, no sentido de *As palavras e as coisas*. Diferentemente das anteriores, este tipo de história das ciências remete o fato da ciência "aos processos históricos" e não a um sujeito transcendental, cuja atividade encontraria obstáculos ou atravessaria a história. A arqueologia não descreve disciplinas científicas, mas limiares.

Os limiares

Foucault distingue quatro limiares: um limiar de *positividade*, quando uma prática discursiva se individualiza; um de *epistemologização*, quando um jogo de enunciados pretende implicitamente fazer valer normas sobre este saber; um de *cientificidade*, quando o saber obedece a critérios formais de construção das proposições; um de *formalização*, quando esse discurso científico pode definir sua axiomatização. Contudo, a sucessiva transposição desses diferentes limiares não é necessária para todo saber. "Em certos casos, o limiar de positividade é transposto muito antes do limiar da epistemologização [...] mas pode ser que esses limiares estejam confundidos no tempo", ou que limiares de cientificidade estejam ligados à passagem de uma positividade a outra. As matemáticas são a "única prática discursiva que transpôs de uma vez" os quatro limiares, de onde o fato de que "no primeiro gesto do primeiro matemático se tenha visto a constituição de uma idealidade que se desenvolveu ao longo de toda a história e não foi questionada senão para ser repetida e purificada" (p. 246; ed. bras., p. 212-4). Foucault alude à *Crítica da razão pura*, evocando a "iluminação" que pôs a matemática "no caminho seguro de uma ciência".[4]

Para assinalar as formas *singulares* de historicidade, Foucault recusa tomar as matemáticas como protótipo do nascimento e do devir de todas as ciências. Isso seria renovar "os direitos da análise histórico-transcendental"... As matemáticas são um modelo para os discursos científicos que visam ao rigor formal, mas não para o historiador arqueólogo. Questionando o devir efetivo das ciências, este deve rastrear as *positividades. As palavras e as coisas* mostra que a história natural "excluía, por sua solidez e autonomia, a constituição de uma ciência unitária da vida" (p. 235; ed. bras., p. 204); e a *História da loucura* mostra que uma prática discursiva sobre a loucura estava em uso na medicina, nas regulamentações administrativas, nos textos literários, em projetos políticos. Uma positividade não é uma ciência – mas não a exclui: *O nascimento da clínica* mostra que a medicina clínica, que não é uma ciência, "estabeleceu relações definidas entre ciências perfeitamente constituídas, como a fisiologia, a química ou a microbiologia; muito mais, deu lugar a discursos como o da análise

---

4. Kant, *Crítica da razão pura*, B XI. E cf. Michel Serres, "Ce que Thalès a vu au pied des pyramides", em *Hommage à Jean Hyppolite*, Paris, 1971, p. 1-20.

patológica, para o qual sem dúvida seria presunção dar o título de falsa ciência" (p. 236; ed. bras., p. 205).

Quatro hipóteses que dizem respeito à unidade *da* medicina, *da* gramática e *da* economia política são recusadas: o objeto, o estilo dos termos do enunciado, a permanência de conceitos coerentes e a persistência dos temas. Foucault lembra como os livros invalidam essas hipóteses: o objeto "loucura" não é o mesmo do século XVII ao século XIX; a descrição clínica se desloca e não passa de um elemento da medicina, ao lado de hipóteses sobre a vida e a morte; surgem novos conceitos na gramática, heterogêneos ou incompatíveis; o tema da evolução é mantido de um século a outro a partir de dois tipos de discursos, ou os temas inversos da fisiocracia e do utilitarismo se baseiam em economia num mesmo sistema conceitual. *Mais do que nos temas, deve-se buscar a individualização de um discurso na possibilidade de, com um jogo de conceitos determinados, "jogar partidas diferentes"*. A arqueologia quer "descrever essas mesmas dispersões". Para evitar "palavras pesadas demais" (ciência, ideologia, teoria, campo de objetividade), Foucault prefere procurar as *regras de formação* das *formações discursivas*. Nos diferentes campos discursivos cujo inventário fez, "certamente de maneira muito hesitante e, principalmente no início, sem suficiente controle metódico, tratava-se sempre de descrever a formação discursiva em todas as suas dimensões e segundo suas próprias características". Contudo, não sendo sempre o mesmo o ponto difícil da análise, Foucault não pretende (ou não pretende mais...) reconstruir uma teoria geral dos últimos quatro séculos.

Em seus livros, a questão era "determinar os possíveis pontos de difração do discurso", descrever "instâncias específicas de decisão" entre as possíveis, ou seja: o jogo das relações que constituem "um princípio de determinação que permite ou exclui, dentro de um dado discurso, um certo número de enunciados [...] que teriam sido possíveis [...]

mas que são excluídos por uma constelação discursiva de nível mais elevado e de maior extensão" (p. 89; ed. bras., p. 74). Como o tema histórico-transcendental é recusado, *a decisão assim entendida não é uma capacidade misteriosa do "homem" (no sentido de E. Weil, de Sartre, etc.) ou do "ser" (no sentido de Heidegger), mas o acaso de um encontro entre estruturas.* A noção antropomórfica de *escolha* está excluída. Certamente, em *História da loucura* ou *O nascimento da clínica*, o tema de "alguma experiência primitiva, fundamental, abafada, e mal articulada" (p. 64; ed. bras., p. 54) ou a expressão "olhar médico" pareciam remeter a "um sujeito que pensa, que conhece e que o diz" (p. 74; ed. bras., p. 61). Foucault ainda pensava *dentro do* conflito entre Natureza e Liberdade.

As palavras e as coisas queriam eliminar esse resto de humanismo, e as instâncias específicas de *decisão* não remetem mais a um sujeito, mas a *práticas* discursivas em relações. Descrever assim os enunciados como *positividades* opõe-se ao *páthos* (cartesiano-husserliano ou heideggeriano) da pesquisa do momento fundador em que a palavra ainda não estava envolvida em nenhuma materialidade. Em 1969 Foucault critica os usos não muito metodológicos que fazia de Hölderlin ou Nietzsche em 1961, remetendo a uma experiência da loucura:

> Sou um positivista feliz, facilmente concordo.[5]

O *pré-conceitual*

O objeto não espera que o obstáculo epistemológico seja levantado, porque ele existe nas condições *positivas*

---
5. *Archéologie du savoir*, p. 165 (ed. bras., p. 144). Esta expressão responde a S. Le Bon, que criticou *As palavras e as coisas* em *Les Temps Modernes*, em 1967, sob o título "um positivismo desesperado". Para a "experiência": cf. *Dits et écrits* II, p. 207.

de um "complexo feixe de relações". Essas relações de possibilidade do aparecimento do objeto científico e de sua justaposição a outros objetos são relações *discursivas* que não se deve confundir com as relações "primárias" entre instituições, entre técnicas, etc. Essas relações, que não caracterizam nem a língua nem as circunstâncias, estão "no limite do discurso" (p. 63; ed. bras., p. 52). As práticas discursivas *formam* sistematicamente os objetos de que falam. Os discursos são *mais* do que signos. Assim como nem as palavras nem as coisas permitem definir uma formação discursiva, a enunciação não pode remeter a uma subjetividade, seja ela transcendental, social ou psicológica. O pré-conceitual não é subjetivo.

O *pré-conceitual* é "no nível mais superficial (no nível dos discursos), o conjunto das regras que se encontram aí efetivamente aplicadas". Este não é um *a priori* inesgotável situado nos confins da história. A arqueologia faz suas perguntas no nível do próprio discurso, que não é mais tradução exterior, mas lugar de emergência dos conceitos. Ela "não submete a multiplicidade dos termos dos enunciados à coerência dos conceitos, e esta ao recolhimento silencioso de uma idealidade meta-histórica" (o sujeito transcendental). Ao contrário, ela substitui as intenções puras de não-contradição em uma rede emaranhada de compatibilidade e incompatibilidade conceitual, e acrescenta esse emaranhado às regras que caracterizam uma prática discursiva. Em vez de basear as regras na atividade de um sujeito, a arqueologia imerge esta num conjunto prévio de regras. Contestando o tema transcendental de um horizonte estável, anistórico, o arqueólogo se coloca atrás em relação ao jogo conceitual manifesto e descreve como os enunciados estão ligados uns aos outros em um tipo de discurso. Ele descreve "sua dispersão anônima através de textos, livros e obras".

Não se trata, portanto, de procurar as regras de formação dos enunciados *possíveis* de uma língua, mas de questionar a singularidade dos enunciados *efetivamente* formulados. "Como é que apareceu tal enunciado e nenhum outro em seu lugar?" *Devemos é nos espantar com a raridade* dos enunciados efetivos, mesmo com a gramática e os dicionários permitindo sua profusão: na verdade, não há refluxo ou exclusão, mas uma pobreza de invenção. Em vez de *interpretar* os elementos significantes a partir de um suposto "sentido" comum às palavras, às instituições e às técnicas, a arqueologia estuda a raridade positiva dos enunciados – e rastreia os procedimentos de apropriação que ela suscita, ou seja, a exegese, que compensa a pobreza dos enunciados pela multiplicação dos sentidos, e a "luta política" que visa apoderar-se desse raro bem.

Portanto, a análise enunciativa ocorre sem referência a uma "subjetividade fundadora", presente na história sob os nomes de evolução das mentalidades, de recolhimento do *Logos* (Hegel), de teleologia da razão (neokantismo) ou de diferança (a *différance* de Derrida). Ela trata o *campo* dos enunciados, o "diz-se", como um terreno prático "autônomo (embora dependente)" e obedecendo apenas ao obscuro tempo do pensamento.

Ela recusa o sistema leitura/traço/decifração/memória, mas busca, ao contrário, a *permanência* (conservação material e institucional), a *aditividade* (os teoremas de Euclides não se somam como as preces, a jurisprudência ou os teoremas de Bourbaki) e a *recorrência* (o enunciado se constitui em *seu* passado).

Enunciado, frase, proposição, ato ilocutório

> O enunciado não é uma estrutura [...] é uma função de existência que pertence exclusivamente aos signos e a partir da qual pode-se decidir, pela análise ou pela intuição, se eles "fazem sentido" ou não, segundo que regra

se sucedem ou se justapõem, do que são signo e que espécie de ato se encontra realizado por sua formulação (oral ou escrita). (p. 115; ed. bras., p. 98-9)

Essa definição difere da dos lógicos, das gramáticas e dos filósofos analíticos: o enunciado não é uma *proposição*, uma *frase* ou um *ato ilocutório*. E o sujeito do enunciado não pode ser identificado com o produtor intencional dos diferentes elementos de significação. Em um romance, deve-se distinguir narrador e autor, e, num tratado de matemática, a posição de sujeito da frase do prefácio não pode ser ocupada senão pelo autor (explicando as circunstâncias teóricas, pedagógicas, etc. do livro), ao passo que as proposições admitem qualquer sujeito, não no sentido de um indivíduo dotado de memória, mas de uma função: "o sujeito de um tal enunciado será definido pelo conjunto desses requisitos e dessas possibilidades; e ele não será descrito como indivíduo que realmente tivesse efetuado operações, que vivesse em um tempo sem esquecimento nem ruptura, que tivesse interiorizado no horizonte de sua consciência todo um conjunto de proposições verdadeiras." Mas a função não é idêntica ao longo de todo o tratado: enunciar uma convenção de linguagem não é o mesmo que constituir um objeto que o enunciador faz que exista fora de si. O sujeito do enunciado é "um lugar determinado e vazio que pode ser preenchido por diferentes indivíduos" (p. 125; ed. bras., p. 108-9).

Finalmente, a função enunciativa "não pode ser exercida sem a existência de um domínio associado", enquanto a frase ou a proposição podem existir isoladamente, sem contexto. Um enunciado está sempre em uma série, "não há enunciado em geral, enunciado livre, neutro e independente". A mesma frase não é o mesmo enunciado se é pronunciada em uma conversa ou estando escrita em um romance. "As coordenadas e o estatuto material do enunciado fazem parte de seus caracteres intrínsecos." Contudo, é preciso distinguir *a enunciação*, que é um evento singular, e o *enunciado*: os diferentes exemplares de um livro são o mesmo jogo de enunciados, "qualquer que seja o número de exemplares ou edições, quaisquer que sejam as substâncias diversas que ele pode utilizar". Da mesma forma, uma constituição, um testamento ou uma revelação religiosa são enunciados, ao passo que suas reproduções são apenas novas enunciações dos mesmos enunciados. Um enunciado existe em uma "materialidade repetível", ao passo que uma enunciação é um acontecimento espaço-temporal. Essa possibilidade de se repetir presume um "campo de estabilização" ou um "campo de utilização".

Assim, o enunciado não é mais visível do que o *há*. Ele não caracteriza o que se dá nas frases ou nas proposições, "mas o próprio fato de que estas são dadas, e a maneira como o são". É fato que existe "*a* linguagem" (p. 146; ed. bras., p. 129). O enunciado requer um referencial, uma posição de sujeito, um campo associado e uma materialidade. Uma formação discursiva é um grupo de enunciados cujas ligações não são gramaticais, lógicas ou psicológicas. As quatro direções da análise das formações discursivas visam à formação dos objetos, das posições subjetivas, dos conceitos e das escolhas estratégicas.

As objeções de Sartre: lanterna mágica ou cinema?

A arqueologia substitui o movimento histórico por uma "sucessão de imobilidades"?[6]

Foucault responde à objeção bergsoniana de Sartre: ainda que os sistemas de formação não sejam nem os pensamentos dos homens nem o jogo das instituições, eles

---

6. Cf. p. 88.

não são "blocos de imobilidade". *Uma formação discursiva não paralisa o tempo, mas regulariza os processos temporais.* Esta correspondência entre as séries temporais não presume que além da linguagem "poderiam desdobrar-se a liberdade do sujeito, o trabalho árduo do ser humano ou a abertura de um destino transcendental". Se é verdade que o enunciado não é uma dimensão lógica ou lingüística, ele não é

> a transcendência restaurada, nem o caminho reaberto em direção da origem inacessível, nem a constituição pelo ser humano de suas próprias significações [...] A possibilidade de uma análise enunciativa, se estabelecida, deve permitir a remoção da muralha transcendental que uma certa forma de discurso filosófico opõe a todas as análises da linguagem. (p. 148; ed. bras., p. 131)

Podemos compreender, portanto, o sentido foucaultiano do *tempo* histórico. A arqueologia não é uma disciplina interpretativa que trata discursos como *documentos*, mas uma descrição que trata o discurso como *monumento*; também não é uma doxologia que, por transição contínua, passa da opinião à ciência; não considera "a obra como um recorte pertinente"; não procura "repetir o que foi dito unindo-o em sua própria identidade"; "não tenta restituir a luz dessas manhãs festivas" (p. 189; ed. bras., p. 165) em que pela primeira vez uma verdade foi certa; não estabelece "a lista dos santos fundadores": ela distingue práticas discursivas, regularidades que funcionam "da mesma maneira em todos os seus sucessores menos originais ou em alguns de seus predecessores". Desde então, o conceito de revolução (no sentido de Kant ou no de Marx) perde todo o sentido ou muda de sentido.

Não se pode mais dizer que uma descoberta, a formulação de um princípio geral, ou a definição de um projeto inaugura, e de modo sólido, uma fase nova na história do discurso. Não se tem mais de procurar esse ponto de origem absoluta ou de revolução total a partir do qual tudo se organiza, tudo se torna possível e necessário, tudo se anula para recomeçar (p. 191; ed. bras., p. 167).

Seria possível pensar que os *limites arqueológicos,* como o aparecimento ou o desaparecimento da Representação, característica da era clássica, fossem *lugares* de revolução total.[7] Foucault diz agora que a comparação da análise das riquezas, da gramática geral e da história natural em *As palavras e as coisas* permite "reconhecer nelas uma *configuração interdiscursiva*" – mas que esta não deve ser compreendida como uma visão do mundo igualmente válida para a química, a cosmologia e a matemática da mesma época. *Uma* "região de interpositividade" é singular e as "redes não são em número definido por antecipação; somente a prova da análise pode mostrar se elas existem [...] O horizonte ao qual se dirige a arqueologia não é, portanto, *uma* ciência, *uma* racionalidade, *uma* mentalidade, *uma* cultura; é um emaranhado de interpositividades cujos limites e pontos de cruzamento não podem ser fixados de imediato" (p. 208; ed. bras., p. 183). A *era clássica* não é uma figura que impõe sua unidade e sua forma vazia a todos os discursos, mas "o nome que se pode dar a um emaranhado de continuidades e de descontinuidades, de modificações internas nas positividades..." (p. 230; ed. bras., p. 200). Não é a consciência que conduz o mundo.

> Em vez de percorrer o eixo consciência-conhecimento-ciência [...], a arqueologia percorre o eixo prática discursiva-saber-ciência e encontra o ponto de equilíbrio de sua análise no saber, ou seja, em um terreno onde o sujeito é necessariamente situado e dependente, sem que jamais possa aí

---

7. Cf. p. 72.

ter o papel de titular (seja como atividade transcendental, seja como consciência empírica). (p. 239; ed. bras., p. 207)

Mas a arqueologia não congela a história em um "jogo de imagens fixas que se eclipsam cada uma por sua vez"? Foucault responde a Sartre afirmando que as regras não se modificam a cada vez que se formula um enunciado. A mobilidade dos discursos não pode ser compreendida a menos que se possa "libertar o nível em que ela se destrava – o que se poderia chamar o nível da *embreagem* dos acontecimentos", levando em conta o fato de "existirem relações e ramificações que são temporalmente neutras; e que existem outras que implicam uma determinada direção temporal. Portanto, a arqueologia não toma por modelo nem um esquema puramente lógico de simultaneidades, nem uma sucessão linear de acontecimentos, mas tenta mostrar o entrecruzamento de relações necessariamente sucessivas e outras que não o são".

Mesmo se não se trata de "estruturalizar" (p. 264 ; ed. bras., p. 230) a história, é preciso "livrar-se" do modelo linear da palavra e do modelo dos fluxos de consciência.

> Por mais paradoxal que seja, as formações discursivas não têm o mesmo modelo de historicidade que tem o curso da consciência ou a linearidade da linguagem. (p. 220; ed. bras., p. 193)

A arqueologia deve analisar as diferenças, e não inventá-las ou superá-las. Para isto, ela não as relaciona com os modelos da criação ou da tomada de consciência, não invoca "a força viva da mudança", mas "tenta estabelecer o sistema das transformações em que consiste a mudança", procurando explicar *a ruptura e a continuidade*, admitindo *que uma transformação geral das relações não implica forçosamente uma transformação de todos os elementos*.

A todos os "agoráfobos da história e do tempo", que confundem ruptura e irracionalidade, Foucault diz que o uso substancial do contínuo "o neutraliza, empurrando-os no limite exterior do tempo, a uma passividade original" (p. 228; ed. bras., p. 198).

Conclusão em forma de diálogo (p. 259-75; ed. bras., p. 225-39)

O diálogo que fecha o livro apresenta a alternativa filosófica do modo que Foucault pôde compreendê-la em 1969.

> – *O Outro*: O senhor tentou, com sucesso relativo, escapar do "estruturalismo" [...] e com muita desenvoltura travestiu sua impotência em método...
> – *Foucault*: O senhor não admite que se possa pensar uma linguagem sem se dirigir a ninguém, "que se possa analisar os discursos científicos em sua sucessão sem referi-los a alguma coisa como uma atividade constituinte [...] que se possa desatar assim o devir da razão e libertar de toda subjetividade a história do pensamento". O senhor recusa que se possa apoiar nos êxitos do método estrutural (no estudo dos mitos ou das tragédias de Racine) "para fazer refluir a análise, para remontar até as formas do discurso que os torna possíveis, e para questionar o próprio lugar de onde falamos hoje. A história dessas análises em que a subjetividade se esquiva guarda dentro de si sua própria transcendência".
> – *O Outro*: *Qual é a delimitação transcendental da razão que estabelece as verdades arqueológicas?*, "qual é a destinação histórica que as atravessa sem que elas se dêem conta, que ingenuidade as torna cegas às condições que as tornam possíveis, em que clausura metafísica se encerra seu positivismo rudimentar"?

– *Foucault*: Por enquanto, o essencial era "libertar a história do pensamento de sua sujeição transcendental", introduzindo uma descontinuidade sem objetivo, anônima e despojada "de todo narcisismo transcendental"; era preciso livrá-la "desse círculo da origem perdida e reencontrada em que ela estava encerrada; era preciso mostrar que a história do pensamento não podia ter esse papel revelador do momento transcendental que a mecânica racional não tem mais desde Kant, nem as idealidades matemáticas desde Husserl, nem as significações do mundo percebido desde Merleau-Ponty."[8] Era preciso desmascarar "a crise em que nos envolvemos há muito tempo, cuja amplitude só aumenta: crise em que estão comprometidos essa reflexão transcendental com a qual a filosofia desde Kant se identificou [...]; um pensamento antropológico que dedica todos esses questionamentos à questão do ser do homem, e permite evitar a análise da prática; todas as ideologias humanistas; e, por fim – e sobretudo –, o estatuto do sujeito".

Desde então o "lugar" de onde fala "meu discurso" me atrapalha, escreve Foucault, pois ele "evita o solo em que poderia se apoiar".

História ou filosofia? Um discurso que *faz* as diferenças "não tem como papel dissipar o esquecimento e encontrar – no mais profundo das coisas ditas, e no ponto em que elas se calam – o momento de seu nascimento (quer se trate de sua criação empírica ou do ato transcendental que lhes dá origem)". Ele não é nem histórico nem filosófico nos sentidos admitidos, porque abre um possível

---

8. *Archéologie du savoir*, p. 265 (ed. bras., p. 230). Foucault confunde sob o conceito de "transcendental" a subjetividade fenomenológica e a estrutura categorial. Vuillemin mostrou (em *Physique et métaphysique kantiennes*, Paris, 1955) que a mecânica racional dependia de uma estrutura (e não da vivência de um sujeito).

histórico ao fazer presente a diferença. A mudança do discurso não depende, de fato, da soberania de um sujeito, mesmo que ele fosse Michel Foucault.

> Falar é fazer alguma coisa [...], um gesto complicado e custoso, que implica condições [...] e comporta regras.

O diálogo entre o arqueólogo e seu outro termina portanto no modo ético:

> O que é esse medo, pergunta o arqueólogo, que faz o senhor responder em termos de consciência quando se está falando de uma prática, de suas condições, de suas regras, de suas transformações históricas? [...] A essa questão creio que não há resposta que não seja política. Por hoje, mantenhamos o suspense. Talvez seja preciso retomá-la e de outro modo. (p. 273; ed. bras., p. 237-8)

Foucault esboça outras arqueologias possíveis: a sexualidade, a pintura, o saber político, a respeito do qual não seria o caso de pôr "o problema psicológico de uma tomada de consciência". Ele agora dispõe dos elementos da virada: o enunciado é imediatamente político, o que torna possível *Vigiar e punir*, e uma arqueologia da sexualidade seria uma perspectivação *da ética*, assim como as arqueologias precedentes eram perspectivações *da teoria*. Portanto, *Vigiar e punir* deveria ser um livro de transição: ao mesmo tempo uma nova investigação regional e empírica, e uma passagem da compreensão arqueológica da teoria à compreensão da prática.

Críticas

1) O livro teve pouca ressonância e Foucault parece tê-lo esquecido rapidamente. Quando de sua publicação, ele

o considera uma retificação das imprecisões e imprudências dos livros anteriores[9], um "aperfeiçoamento"[10], o balizamento de um caminho de trabalho – e define exatamente o sentido da palavra *arqueologia*: "a descrição do arquivo".[11]

Em 1971, ele narra sua trajetória como a passagem de uma ingenuidade realista para uma reflexão crítica:

> Eu pensava que as particularidades que encontrei [em *História da loucura* ou *O nascimento da clínica*] estavam no próprio material estudado e não na especificidade de meu ponto de vista.[12]

Esse retorno às condições de possibilidade de um discurso se realiza em primeiro lugar em *As palavras e as coisas* com a revelação da coerência das epistemes. *A arqueologia do saber* é uma compreensão dessa revelação.

> Não é nem uma teoria nem uma metodologia, é uma tentativa de identificar o nível no qual eu devia me situar para fazer surgir esses objetos que havia manipulado...[13]

Falta, contudo, a articulação entre arqueologia de um saber, do saber, e condições históricas da formação de saberes e do saber[14] – ou seja, a teoria –, e falta método para realizar uma pesquisa.[15] Em outras palavras, *os trabalhos de Foucault seriam sempre autobiográficos, se for levado*

---

9. *Dits et écrits* I, p. 786.
10. Ibidem, p. 844.
11. Ibidem, p. 786.
12. *Dits et écrits* II, p. 157.
13. Ibidem.
14. Ibidem, p. 406.
15. *Dits et écrits* III, p. 404, e *Dits et écrits* IV, p. 42.

em conta que ou são a elaboração teórica de situações de crises partilhadas (psiquiatria, medicina, penalidade)[16] *ou a autocompreensão do trabalho realizado.* O momento reflexivo foucaultiano seria, portanto, mais cartesiano do que kantiano: tomada de consciência do sistema de pensamento que lhe é "pessoal"[17] e não compreensão das estruturas teórica e metodológica *de* e *para* seu (próprio) discurso.[18]

Contudo, não se deve compreender esse "pessoal" como o vivido das análises fenomenológicas: é sempre uma "experiência limite, que arranca o sujeito de si mesmo".[19] Essa depreciação de si mesmo foi reivindicada no livro:

> Não me perguntem quem eu sou e não me digam para permanecer o mesmo.[20]

Não é uma questão de se dar autenticamente, de si para si (si-*mesmo*) em uma atividade criadora (Flaubert, etc.), mas de ligar a relação consigo a uma atividade. *As palavras*, de Sartre, começa pela familiaridade com a biblioteca, na qual a consciência sartriana está em casa; pode-se dizer que a consciência foucaultiana aspira antes a estar em casa do lado de fora (enquanto paradoxalmente Foucault tem um material bem mais erudito do que Sartre). A autenticidade não passa de uma modalidade da transcendência do *ego* (a relação *adequada* consigo mesmo). Foucault tem uma dupla ligação consigo mesmo: na busca incessante de seus livros e em suas entrevistas, ele volta ao

---

16. *Dits et écrits* III, p. 405; *Dits et écrits* IV, p. 67, etc.
17. *Dits et écrits* III, p. 678.
18. Cf. "Analítica dos conceitos" e a teoria das Idéias, e a "Metodologia transcendental" na *Crítica da razão pura*.
19. *Dits et écrits* IV, p. 43.
20. *Archéologie du savoir*, p. 28 (ed. bras., p. 20).

que *fez* e o redefine, visando a uma compreensão cada vez mais adequada de si – mas posterior ao presente da escrita que, ao contrário, se baseia numa depreciação de si, ela mesma enraizada em uma experiência limite.[21]

Na redefinição crítica de sua obra, ele interpreta a *Arqueologia* como momento genealógico, pertencente ao mesmo "eixo" da *Clínica*:

> Uma ontologia histórica de nós mesmos que nos permite nos constituir em sujeitos de conhecimento.[22]

É curioso que essa reinterpretação tardia (1983, 1984) aproxime esses dois livros que anteriormente eram bastante distintos, e esqueça *As palavras e as coisas* que, ao contrário, antes era sempre comparado com a *Arqueologia*...

2) A auto-interpretação precedente mostra que a recusa da reflexão transcendental depende mais da autobiografia do que do trabalho acadêmico, o que permitiria explicar a coerência aproximativa na definição dos conceitos principais da arqueologia.[23]

Carnap quis logicizar a física ao máximo, e não conseguiu eliminar o transcendental. Foucault, na qualidade de "positivista feliz" e ao contrário de Carnap, quer historicizar ao máximo, mas não pode "eliminar a possibilidade de [se] encontrar, um dia, diante desse resíduo não desprezível que será o transcendental".[24] As categorias da episteme são historicamente constituídas[25] "para deixar o menor espaço possível para o transcendental". Mas Foucault

---

21. Cf. *Dits et écrits* IV, p. 392-3 e p. 617.
22. Ibidem, p. 393, e, confirmando a releitura, p. 618.
23. Cf. B. Han, op. cit., p. 103 et seq.
24. *Dits et écrits* II, p. 373.
25. Ibidem, p. 371.

se vê obrigado a escrever que o sujeito do enunciado é "um lugar determinado e vazio que pode ser preenchido por diferentes indivíduos"[26], e o *indivíduo* que pode ocupar esse lugar não é um elemento de um conjunto qualquer: é claro que Foucault pensa "indivíduo humano"... Seu indivíduo não pode ser uma mesa ou uma estrela matutina, mas deve poder compreender os sinais do plano euclidiano ou da linhagem das rãs! Esse indivíduo não é obrigatoriamente um homem, mas deve ser um sujeito originariamente sintético da apercepção... Se o lugar vazio não pode ser ocupado por um indivíduo qualquer, ele deve ter uma boa estrutura de compreensão universal (as categorias do entendimento?). Então os *enunciados* não se destacam apenas das *frases*, das *proposições* ou dos *atos ilocutórios* – conceitos que têm sua pertinência em domínio acadêmico próprio –, mas também dos *princípios* "que tornam possíveis os diferentes níveis da física racional".[27] Nessas condições, o método arqueológico pode fecundar as pesquisas históricas e eliminar o *páthos* fenomenológico do vivido, ainda presente nas referências aos poetas nos livros precedentes. Contudo, esse método não pode eliminar a reflexão transcendental estrutural.

Por outro lado, a arqueologia não se distingue muito bem da história das idéias. Esta "mostra como a verdade foi arrancada do erro, como a consciência *despertou* de seus sonos sucessivos"[28], e a arqueologia visa ao *despertar* do sono antropológico...

Contudo, *As palavras e as coisas* havia *distinguido*, sob o nome de "Kant", o autor da *Crítica* que refletia as condições estruturais de possibilidade do conhecimento do professor de Königsberg que dava uma interpretação

---

26. *Archéologie du savoir*, p. 125 (ed. bras., p. 109).
27. Cf. J. Vuillemin, op. cit., p. 357.
28. *Archéologie du savoir*, p. 184 (ed. bras., p. 159).

antropológica pré-crítica dessa reflexão.[29] O sujeito da *Crítica* é um lugar vazio, uma função "autor" distinta da função professoral na universidade prussiana, sujeita a outras restrições. Mas, na *Arqueologia*, Foucault não leva a sério essa distinção entre o empírico e o transcendental, e parece vítima da confusão que denuncia, confundindo sob o nome de "Kant" essas duas variáveis de sujeito. A oposição de Foucault sendo equívoca (contra o *sujeito* transcendental antropologizado, contra a *estrutura* categorial), ele teme que o uso político de sua obra – que ele deseja e que, em essência, lhe escapa – seja confuso e passe alternativamente de um anti-humanismo a um irracionalismo, da destruição da sociedade disciplinar em que se cultiva *também* a física racional ao retorno das mitologias arcaicas.

Por fim, tendo a *Arqueologia* recusado a reflexão transcendental, Foucault recusa (em 1976) a posição de consciência universal ligada à "instituição universitária da filosofia" e insiste no subtítulo de *As palavras e as coisas*: "*uma* arqueologia das ciências humanas".[30] Esta reinterpretação deduz a conseqüência última da destruição nietzschiana da seriedade acadêmica:[31] relativizar uma instituição, um saber, a partir de uma prática, do exercício de uma força, da "paixão"[32] que anima certos "combates"[33] (medicina, psiquiatria, penalidade). Mas o limite dessa posição é a superavaliação da referência "meta-histórica" em Nietzsche – e, na prática, é a agitação confusa que Foucault sentiu em Vincennes.[34]

---

29. Cf. p. 81 e p. 99.
30. Não *a arqueologia*: *Dits et écrits* III, p. 29.
31. Cf. Nietzsche, *Genealogia da moral*, III, § 11.
32. *Dits et écrits* IV, p. 67. Cf. *Dits et écrits* III, p. 405.
33. *Dits et écrits* III, p. 29.
34. Cf. D. Eribon, op. cit., p. 218-9. D. Macey, op. cit., p. 246.

O limite da posição *acadêmica* de seu *discurso* é assim mostrado por Foucault: ele supõe um valor "meta-histórico" afirmando que ali não existe isso; e sente a impossibilidade de dar um curso. A seqüência lógica desse absolutismo e dessa aceleração da mobilidade é a redução do número de páginas dos livros e, depois, sua substituição pelo artigo de revista, de jornal, pelo noticiário do rádio e da televisão, pelo *flash*.

O que Foucault constata com amargor.[35]

---

35. Cf. D. Eribon, op. cit., p. 312.

6
Vigiar e punir:
o nascimento da prisão (1975)

Esse livro se abre sobre o corpo de um supliciado. Em 1757, Damien foi esquartejado em público e seus restos foram queimados; antes disto, chumbo derretido tinha sido derramado sobre os ferimentos infligidos por tenazes "nos mamilos, braço, coxas e barrigas das pernas"... No século XIX, o corpo do condenado não era mais o mesmo: do momento em que levanta até a hora de deitar, seu dia na prisão era ditado pelo "rufar do tambor". Um humanista se regozijaria pelo desaparecimento do suplício em benefício de um controle minucioso do espaço e do tempo. Mas Foucault mostra que a humanização da pena *e* o conhecimento do homem dependem da mesma lógica, ou, ainda, que a transformação do corpo nas relações modernas de poder permite o conhecimento da alma pelas ciências humanas. Tendo sido estas singularmente estudadas nas obras precedentes, é provável que Foucault não se regozije com a invenção do *prisioneiro*, do mesmo modo como, na *História da loucura na idade clássica*, não se regozijou com a invenção do *alienado*.

> Objetivo deste livro: uma história correlativa da alma moderna e de um novo poder de julgar; uma genealogia do atual complexo científico-judiciário em que o poder

de punir se apóia, recebe suas justificativas e suas regras, estende seus efeitos e disfarça sua exorbitante singularidade. (p. 27; ed. bras., p. 23)

Humanização da pena moderna?

Sob o Antigo Regime todo crime lesava a majestade do príncipe, e a "liturgia" do suplício mostrava o fragor de sua vitória "militar". Daí a execução teatral do culpado, cujo sofrimento é cuidadosamente dosado. Daí a curiosidade do público nesse momento de verdade em que se trata de salvar a alma do culpado. O direito positivo se manifestava nesse poder, mas a transcendência real se manifestava no direito da graça. No século XVIII, um clamor profundo ressoou nos *cahiers de doléances** entre os juristas e entre os filósofos: no pior dos assassinos, o castigo deve respeitar sua "humanidade". Mas Foucault duvida que o moderno desaparecimento dos suplícios signifique uma "humanização"...

Na verdade, a resistência de certos supliciados mostra "uma força que nenhum poder conseguia dobrar". O povo, convocado a título de espectador aterrorizado e auxiliar do poder real, às vezes se revolta ou transforma os supliciados em heróis. A simples presença do povo é equívoca, pois ele *também* vem para ouvir aquele que nada mais tem a perder maldizer seus juízes, as leis, o poder e a religião. O povo vem se desforrar, especialmente quando a condenada é uma criada cuja sentença é sem equilíbrio e medida. O que temem os reformadores do século XVIII é mais a "solidariedade" entre a pequena delinqüência e o povo do que a atrocidade dos suplícios (p. 67; ed. bras., p. 52).

---

* *Cahiers de doléances*: cadernos dos delegados aos Estados Gerais de 1789 em que se registravam seus pedidos. (N. Ed. Bras.)

Portanto, esse fragor deverá desaparecer na prisão, e sua narrativa, na penumbra das notícias do cotidiano.

Ao mesmo tempo, o ilegalismo passa do ataque aos corpos a uma subtração dos bens, de modo que a justiça "assume daí por diante ares burgueses de justiça de classe".[1] Há uma alteração da "subconsciência"[2] num esquadrinhamento mais cerrado do corpo social. É preciso reformar o aparelho judiciário, eliminar as disfunções devidas ao "superpoder" real e definir um novo direito de punir a partir de novos princípios. No cruzamento de diferentes interesses se estabelece uma "nova economia política do poder". Para punir melhor, é preciso libertar o juiz de sua pretensão de legislar.

A crítica do suplício não é, portanto, expressão de uma sensibilidade em relação à humanidade do supliciado, mas uma crítica ao poder ilimitado do soberano. É a necessidade de punir gradualmente o ilegalismo, sempre alerta no povo.

A teoria do contrato social permite formular essa nova estratégia do poder. Supondo-se o cidadão um contratante da ordem social, o criminoso é pior do que um inimigo: é um traidor, cujo ato provoca um horror que o "discurso do coração" abranda. Contudo, o lirismo que se interpõe entre o furor do carrasco e a dor do supliciado impede o endurecimento... dos espectadores e dos juízes!

> Aí se funda o princípio de que jamais se deve aplicar senão punições "humanas" a um criminoso que, entretanto, pode muito bem ser um traidor e um monstro.

É preciso, portanto, calcular a pena em função do futuro, de sua possível repetição mais do que de sua própria

---

1. Emmanuel Le Roy-Ladurie, citado em *Surveiller et punir*, p. 79 (ed. bras., p. 65).
2. N. W. Mogensen, 1971, citado ibidem, p. 80 (ed. bras., p. 66).

grandeza. Punir será uma arte das conseqüências bem calculadas. Em vez do despotismo imbecil que quer coagir com cadeias de ferro, o novo político governa seus súditos pela cadeia de suas próprias idéias.

> Nas moles fibras do cérebro se alicerça a base inabalável dos mais firmes impérios.[3]

A arte de punir depende do cálculo empírico das energias que se batem e das imagens que se associam. Quando Le Peletier exige, em 1791, uma exatidão na relação entre delito e punição, já não se trata mais de ajustar o castigo em função da *infração* (circunstâncias e intenção), e sim em função do *infrator*.

O espaço e o tempo do prisioneiro

Jeremy Bentham publica o *Panopticon* em 1791. Foucault considera esse projeto como o modelo de prisão. Sob o Antigo Regime, a lei se baseava na soberania divina ou real. J. Bentham (1748-1832) renovou a teoria jurídica fundamentando a lei no princípio de utilidade (ou de nocividade): assim como, num mercado livre, o dinheiro mede o prazer, do mesmo modo a lei regulamenta as trocas entre os indivíduos. Os que não respeitam a lei vão para a prisão.

Na periferia do *Panopticon*, uma construção em forma de anel, comportando células com duas janelas: de uma torre central, um vigilante observa os prisioneiros – sem ser visto. Eles estão separados uns dos outros por paredes entre as células; estão sempre visíveis. O preso é "objeto de uma informação, jamais sujeito em uma comunicação" (p. 202; ed. bras., p. 166). O essencial não é que ele seja

---

3. J. M. Servan (e não Hume!), citado na p. 105 (ed. bras., p. 86).

realmente observado, mas que possa sê-lo, por qualquer um e por qualquer motivo. A nova arquitetura da prisão reinventa ou reproduz o modelo da *ménagerie** que Le Vaux construíra em Versalhes, com a pequena diferença de que o salão do rei se transformou na torre do vigia e que "o animal é substituído pelo homem" (p. 205; ed. bras., p. 168).

Há esse modelo e a prisão que existe historicamente... No Rasphuis de Amsterdã (1596), a duração da detenção é determinada em função do comportamento, o trabalho é obrigatório e o emprego do tempo rigorosamente definido. Em Gand, o trabalho penal é organizado em torno de imperativos econômicos; o "reformatório" de Hanway (1775) acrescenta o isolamento – na Filadélfia (Walnut Street, 1790), os quacres acrescentam a não-publicidade das penas, uma exortação religiosa e um trabalho junto à alma do detento. A prisão é um aparelho de saber, cujo campo de referência não é tanto o crime cometido quanto a alma do preso. Como o asilo de Pinel, a prisão de Bentham encarcera para normalizar.

Situação histórica da prisão

Seguindo um método marxista, Foucault situa os sistemas punitivos em uma "economia política" do corpo (p. 30; ed. bras., p. 25): "o crescimento de uma economia capitalista apelou à modalidade específica do poder disciplinar" (p. 223; ed. bras., p. 182).

O crescimento demográfico do século XVIII tem como conseqüência um aumento da população flutuante. As "disciplinas" ajustam a multiplicação dos homens e dos aparelhos de produção – produção *industrial* das mercadorias,

---

* *Ménagerie*: local em que eram expostos animais raros ou exóticos. (N. Ed. Bras.)

escolar dos saberes, *hospitalar* da saúde, *militar* da destruição. As disciplinas reduzem a força política dos corpos e aumentam sua força útil. Para tanto, é preciso *saber* submeter o corpo. Para fazer a história desse *corpo político*, Foucault inverte a análise de Kantorowitz sobre os dois corpos do rei[4] – assim como a monarquia, segundo o tema cristológico, desdobrava o corpo do rei, o mesmo acontece com a "rede carcerária" (p. 312; ed. bras., p. 252) do mundo burguês, que desdobra o corpo do condenado e produz um incorpóreo: a alma moderna.

> Não seria necessário dizer que a alma é uma ilusão ou um efeito ideológico, mas, antes, que ela existe, que tem uma realidade, que é produzida de modo permanente em volta, na superfície e dentro do corpo, por meio do funcionamento de um poder que se exerce sobre os que são punidos – de maneira mais geral, sobre os que são vigiados, treinados e corrigidos, sobre os loucos, as crianças, os escolares, os colonizados, sobre os que são fixados a um aparelho de produção e controlados por toda a sua existência. [...] Sobre essa realidade-referência foram construídos diversos conceitos [...]: psique, subjetividade, personalidade, consciência, etc.; sobre ela foram edificados técnicas e discursos científicos; a partir dela se fizeram valer as reivindicações morais do humanismo. [...] O homem do qual nos falam e a quem nos convidam a libertar já é em si mesmo o efeito de uma sujeição bem mais profunda do que ele. [...] A alma, efeito e instrumento de uma anatomia política; a alma, prisão do corpo. (p. 34; ed. bras., p. 28-9)

---

4. "Kantorowitz deu [em *The King's Two Bodies*, 1959] ... uma notável análise do 'corpo do rei': corpo duplo segundo a teologia jurídica formada na Idade Média, pois comporta, além do elemento transitório que nasce e morre, um outro que, este, permanece através dos tempos e se mantém como o suporte físico – e no entanto intangível – do reino." *Surveiller et punir*, p. 33 (ed. bras., p. 28).

A prisão e o Estado moderno: "no lugar de Lancelot, o presidente Schreber"[5]

A prisão, contudo, não é apenas um modelo e uma realidade que diz respeito a uma particular franja da população. É um modelo passível de generalização. Na sociedade moderna, "a prisão se parece com as fábricas, as escolas, as casernas, os hospitais – e todos eles se parecem com as prisões" (p. 229; ed. bras., p. 187).

Esses mecanismos que *intensificam* o poder e a produção diferem do funcionamento do poder real que *bloqueava* a intensidade das forças contrárias. Eles aparecem no momento em que as instituições disciplinares se multiplicam, em que a escola e as instituições de caridade permitem observar e controlar em profundidade a sociedade, no momento em que "o olhar sem rosto" da *polícia* deve tudo abarcar. No *panoptismo*, "uma sujeição real surge mecanicamente de uma relação fictícia. De sorte que não é necessário recorrer à força para obrigar o condenado ao bom comportamento, o louco à calma, o operário ao trabalho, o estudante à aplicação, o doente à observação das recomendações". O *panoptismo* permite experimentar tratamentos médicos, pedagógicos, punitivos, tecnológicos, e produzir corpos dóceis.

> É dócil um corpo que pode ser sujeitado, que pode ser utilizado, que pode ser transformado e aperfeiçoado.

Os corpos dóceis estão bem repartidos, sua atividade é controlada, sua gênese organizada e suas forças compostas.

---

5. *Surveiller et punir*, p. 195 (ed. bras., p. 161). Schreber, magistrado, autor de *Memórias de um neuropata* (Leipzig, 1903), célebres nos meios analíticos por terem sido comentadas por Freud e Lacan.

A disciplina não é mais a sujeição global do despotismo imbecil, mas um conjunto de "pequenas astúcias, arranjos sutis, inconfessáveis economias e coerções sem grandeza". Enfim, a "malevolência" atenta, onde os sobrevôos especulativos querem ver as astúcias da razão.[6] Segundo Foucault, quando evoca o imperador, "essa alma do mundo", Hegel esquece que o Estado moderno, rigorosamente disciplinado, não pode ser compreendido sem a tradição religiosa e militar do detalhe (J. B. de la Salle e o marechal de Saxe). Pela intermediação das instituições militares, médicas, escolares e industriais, mas também pela colonização, pela escravidão e pelos cuidados em relação à primeira infância, por "essas ninharias, certamente, nasceu o homem do humanismo moderno" (p. 143; ed. bras., p. 121). Se a guerra é a política continuada por outros meios, a política do Estado moderno se baseia na militarização geral da sociedade, visando menos à cultura da vontade geral que à "docilidade automática". Na referência dos colégios jesuítas à Antigüidade, no modelo romano do Iluminismo (liberdade republicana e disciplina militar), deve-se ver o começo do regime napoleônico... A prisão existe *dentro* de uma sociedade que visa à formação de "indivíduos submissos" (p. 132; ed. bras., p. 106).

A sociedade disciplinar funciona sobre o princípio da *reclusão* – caserna, internato, fábrica, hospital, base naval. Mas não basta encarcerar, é preciso enquadrar por meio de um *esquadrinhamento* do espaço real e simbólico: um lugar exato para cada indivíduo, uma codificação funcional das células, uma classificação dos indivíduos segundo a *categoria*, segundo o *programa* educativo do soldado ou do aluno, durante o qual os elementos temporais são articulados e capitalizados. O *exame* coroa o adestramento.

---

6. *Surveiller et punir*, p. 141 (ed. bras., p. 120). Este conceito de *malevolência* já está em *A arqueologia do saber*.

No dia 15 de março de 1666, Luís XIV passa sua primeira revista militar – essa ação estrepitosa, escreve Foucault, fez "toda a Europa inquietar-se".

O exame – no hospital, na escola, na caserna – permite obter um saber sobre o indivíduo. A função política do "poder da escrita" se inverte: já não se trata mais de constituir a narrativa hagiográfica para a memória futura, mas de fazer do indivíduo comum um *caso* para uso presente.

> Nossa sociedade não é a do espetáculo, mas a da vigilância. (p. 218; ed. bras., p. 178)

A criança, o doente, o louco e o delinqüente se caracterizam pelo desvio, não pela grandeza. Não se fala mais de Lancelot, mas de Schreber. Assim, a compreensão psicológica, psiquiátrica e psicanalítica exige o que resta de criança, de doente, etc. no adulto. O indivíduo não é somente a representação ideológica de um átomo que constitui o contrato social, é um produto real da disciplina.

Embora seja "um acontecimento na 'história do espírito humano'" (p. 218; ed. bras., p. 178), nem por isso o *Panopticon* é repressivo. A vitória do rei sobre as forças adversas – estrangeiras ou subversivas – podia ser compreendida em termos de repressão da vitalidade... mas o mundo mudou.

> A bela totalidade do indivíduo não é amputada, reprimida e alterada por nossa ordem social, mas é nessa ordem social que o indivíduo é cuidadosamente fabricado, segundo toda uma tática das forças e dos corpos.[7]

---

7. Ibidem, p. 218 (ed. bras., p. 179). A expressão "bela totalidade do indivíduo" é uma alusão à compreensão hegeliana do ateniense antigo ("a bela totalidade ética").

Deve-se, portanto, parar de descrever as conseqüências do poder em termos negativos (de exclusão, por exemplo). *O aparelho disciplinar inteiro é o poder, e ninguém o detém como uma coisa.* Ele se sustenta com seus próprios mecanismos, que lhe permitem ser "na aparência tanto menos 'corporal' quanto é mais sabiamente 'físico'". A sanção normalizadora é onipresente ali.

> Estamos na sociedade do professor-juiz, do médico-juiz, do educador-juiz, do "assistente social"-juiz; todos fazem reinar a universalidade do normativo. (p. 311; ed. bras., p. 251)

Ao lado da Palavra e do Texto, da Lei e da Tradição, estabelece-se um poder que funciona facilmente dentro de uma igualdade formal, já que introduz a diferenciação no seio do *mesmo*: o poder da Norma, da qual o "estabelecimento das escolas normais" (p. 186; ed. bras., p. 153) é um símbolo e uma peça importante.

Genealogia da moral moderna

Da investigação judiciária medieval saiu o método experimental (Bacon[8]). Do exame disciplinar do século das Luzes provêm as ciências do homem:

> Essas ciências com as quais nossa "humanidade" se encanta há mais de um século têm sua matriz técnica na minúcia fútil e perversa das disciplinas e suas investigações. Elas são talvez para a psicologia, a psiquiatria, a pedagogia, a criminologia, e para tantos outros conhecimentos

---

8. Francis Bacon (1560? -1626) publicou o *Novum Organum* em 1620. O método experimental deveria pôr fim a um "erro infinito" (o saber livresco dos monges). Kant cita essa passagem no início da *Crítica*.

estranhos, o que o terrível poder de inquirir foi para o calmo saber dos animais, das plantas ou da terra. (p. 227; ed. bras., p. 186)

O estrondo da batalha: morte do homem, ciências humanas e revolta

A prisão é "uma instituição completa e austera", ou seja, diferentemente das instituições especializadas (escola, hospital, fábrica, exército), a prisão é onidisciplinar. A prisão é privação de liberdade (esse bem universal medido em *tempo* na sociedade mercantil) e correção individualizada dos detentos (podendo ser libertados antes do prazo). O arbitrário que os códigos modernos retiraram do poder judiciário se reconstitui do lado penitenciário, segundo um princípio de autonomia do carcerário. Sua raiz não está na violência dos guardas ou no despotismo administrativo, mas "justamente no fato de exigir-se que a prisão seja 'útil', no fato de que a privação de liberdade teve que exercer, desde o início, um papel técnico positivo e realizar transformações nos indivíduos". *Bem, a prisão fabrica o delinqüente.*

Foucault opõe o infrator, sujeito jurídico de seu ato, e o delinqüente, objeto da biografia criminológica. Reconhecemos a mesma diferença sujeito/objeto que caracterizava o louco antes ou depois da era clássica, e o doente, antes ou depois da clínica. O conhecimento "positivo" dos delinqüentes e de suas espécies é muito diferente da qualificação jurídica dos delitos e de suas circunstâncias – e distinta também do conhecimento médico da loucura (que permite apagar o caráter delituoso do ato). A disciplina penitenciária fabricou assim a alma do criminoso.

> É inútil se espantar que, em considerável proporção, a biografia dos condenados passe por todos esses mecanismos

e estabelecimentos que se finge acreditar estarem destinados a evitar a prisão. (p. 308; ed. bras., p. 249)

Assim entendido, o sistema carcerário torna legítimo o poder exorbitante de punir, substituindo o que a ficção jurídica do contrato não podia fazer aceitar: "a cessão ilusória do direito de punir" (p. 310; ed. bras., p. 251).

A prisão não reduz a taxa de criminalidade. Ela provoca a solidariedade do *meio* e objetivamente provoca a recidiva e a delinqüência, ao empurrar as famílias dos detentos para a miséria. *Esta crítica repetida há 150 anos sempre tem a mesma resposta*: a reforma jamais teria sido realmente efetiva, seria preciso voltar aos princípios fundamentais da prisão que visavam à reeducação dos detentos. Na verdade, essa recondução da reforma *e* do fracasso da prisão constitui, com a arquitetura e a criminologia, um *sistema carcerário*. Mais do que fazer desaparecer o ilegalismo, esse sistema o gera "em uma tática geral de sujeições". De fato, a partir do final do século XVIII, o ilegalismo de camponeses e trabalhadores incapazes de suportar os novos rigores da lei pode pôr em questão "ao mesmo tempo a lei e a classe que a impôs".[9]

A delinqüência permite controlar os ilegalismos sociopolíticos, substituindo a oposição *jurídica* entre legalidade e ilegalidade por uma oposição *estratégica*. Ao passo que o puritanismo no século XIX reprime a sexualidade, as redes de prostituição arrecadam uma imensa quantidade de dinheiro, inclusive fiscal – como a seguir o tráfico de armas, de álcool ou de drogas. E a delinqüência fornece também os espiões, os provocadores, a polícia clandestina e o exército de reserva do poder...

---

9. *Surveiller et punir*, p. 279 (ed. bras., p. 228). Foucault fala da burguesia que "lucrava com a Revolução".

A delinqüência, solidificada por um sistema penal centrado na prisão, representa um desvio de ilegalismo para os circuitos de lucro e de poder ilícitos da classe dominante. (p. 286; ed. bras., p. 233)

Se a prisão e a polícia formam um sistema, os juízes que fornecem os detentos e ajudam objetivamente na constituição da delinqüência "são seus empregados, só um pouco recalcitrantes!" (p. 288; ed. bras., p. 234). De onde os tipos notáveis de Vidocq, o velho forçado que se torna chefe de polícia, e de Lacenaire, pequeno-burguês que, na falta de se tornar revolucionário, torna-se *esteticamente* criminoso: "o triunfo da delinqüência sobre o ilegalismo". O jornalismo policial torna aceitável o controle policial e a literatura policial afasta o povo da delinqüência.

Contudo, a luta de classes continua: os jornais populares relacionam o crime com a sociedade culpada de produzi-lo, enquanto o contranoticiário policial, popular, enfatiza os ilegalismos da burguesia. Os fourieristas e mais tarde os anarquistas do final do século XIX chegam a interpretar o crime como "uma energia que se revigora", potencialmente portadora de futuro. E no jornal *La Phalange*, de 15 de agosto de 1840, eles apresentam, por exemplo, o jovem insolente como um apaixonado pela liberdade, "ou seja, o desenvolvimento mais espontâneo de sua individualidade, desenvolvimento selvagem e, conseqüentemente, brutal e limitado, mas desenvolvimento natural e instintivo" (p. 298; ed. bras., p. 242).

A prisão, instituição sólida no alto do sistema carcerário, pode ser modificada. Foucault interrompe bruscamente seu livro, lembrando "o estrondo da batalha", ou seja, sua atividade militante, o corpo-a-corpo da vida política.[10]

---

10. Cf. *Dits et écrits* II, p. 761. D. Eribon, op. cit., p. 237 et seq., p. 257, p. 271; Jeannette Colombel, op. cit., p. 122.

Críticas

1) Recepção

História da loucura e *O nascimento da clínica* se baseavam em uma experiência individual e pessoal da psiquiatria e da medicina – a relação com "Roger", a relação com sua própria morte.[11] A recepção política de *História da loucura* não implicava Foucault diretamente: tratava-se, para a antipsiquiatria, constituída alhures, de usar instrumentos para um combate específico. Foucault era um autor isolado e, ao contrário, a experiência pessoal a que se prende *Vigiar e punir* é coletiva, antes de mais nada. Sem maio de 68 "eu certamente não teria tido a coragem de levar minha pesquisa para o lado da pena, das prisões, das disciplinas".[12] Quatro anos antes do livro, em fevereiro de 1971, Foucault fundou o Grupo de Informação sobre as Prisões, com P. Vidal-Naquet, J.-M. Domenach, "magistrados, advogados, jornalistas, médicos, psicólogos"[13] e D. Defert.

Esse grupo de *informação* elimina a separação que existe entre o exterior e o interior da prisão. Ele surge quando militantes maoístas – inclusive os formados no ensino superior, como A. Geismar, M. Le Bris, M. Le Dantec e outros – se encontraram atrás das grades.[14] A partir de pesquisas feitas pelos detentos, o grupo informa sobre a realidade da prisão. Muitas personalidades se juntam ao grupo, como Jean-Paul Sartre, Gilles Deleuze e C. Mauriac. A existência desse grupo, do qual Foucault era

---

11. *Dits et écrits* III, p. 671.
12. J. Colombel, op. cit., p. 126.
13. *Dits et écrits* II, p. 175.
14. Ibidem, p. 174. Cf. D. Eribon, op. cit., p. 237 et seq., p. 257, p. 271; J. Colombel, op. cit., p. 122.

"o chefe"[15], estimulou um movimento de revolta em 35 prisões em 1971 e 1972. O grupo passa o bastão para a Comissão de Ação dos Presos, dirigida por S. Livrozet, que se separa de Foucault em 1974. Este continua a intervir "na" prisão por meio da imprensa e de seminários, e milita contra a pena de morte. É a época em que ele representa o papel de policial (ou de juiz) no palco da Cartoucherie de Vincennes, em que Sartre sustenta o conceito de tribunal popular, que Foucault contesta; em que François Ewald, P. Victor e S. July são tolerantes com a violenta ação esquerdista, a qual Foucault e Sartre recusam. É a época da fundação do jornal *Libération*. De um protesto coletivo contra o fascismo espanhol em Madri, com Yves Montand, Régis Debray, etc., em que Foucault fica à beira do enfrentamento físico. É a época em que ele é preso com C. Mauriac e Jean Genet. A época de um seminário sobre a "história das relações entre psiquiatria e justiça penal", que publicará o dossiê de um parricida – *Eu, Pierre Rivière*...

Vigiar e punir aparece em fevereiro de 1975. Número especial do *Magazine Littéraire*, páginas especiais e entrevistas no *Le Monde*, *La Quinzaine Littéraire*, *Le Figaro*, *L'Express*, *Le Nouvel Observateur*, etc. A *Critique* lhe dedica um número (Ewald, Deleuze, Meyer), *Les Temps Modernes* publica o artigo de Roustang recusado pela *Critique*... Fromanger pinta dois retratos de Foucault, um para o filósofo*, o outro para o futuro ministro da Justiça, R. Badinter. Dificilmente se pode separar as conseqüências acadêmicas do livro das conseqüências políticas. O livro é lido por juristas, e a agitação nas prisões

---

15. D. Eribon, op. cit., p. 244.

* Em retribuição ao prefácio que Foucault fizera para o catálogo de sua exposição, o pintor Fromanger fez um retrato do filósofo. Uma segunda versão foi encomendada por Robert Badinter. (N. R. T.)

causou dois relatórios administrativos e vistorias. As conseqüências do livro e da ação do Grupo de Informação sobre as Prisões e da Comissão de Ação dos Presos são a abertura da prisão (imprensa, parlatórios livres, desdisciplinarização – cabelos compridos, etc.) e a desculpabilização dos presos. Estes não entram mais no modelo da expiação e reivindicam:

> Matei, peguei tantos anos, mas isso não é razão para faltarem cobertores e sentir frio no inverno.[16]

Resumindo, os presos compreenderam Jeremy Bentham: trocam o encarceramento pela ilegalidade...

Nos anos 80, os juízes não aceitavam mais ser empregados servis da sociedade carcerária e perseguem todo mundo.[17] A mudança, segundo Foucault, ocorreu em torno do crime cometido em 1972 em Bruay-en-Artois, em que um juiz de instrução que queria inculpar um tabelião conseguira resistir por algum tempo às pressões do Parquet.[18*] E o pensamento jurídico evoluiu. Pierre Lacousme, por exemplo, estima que as prioridades no novo código penal revelam uma "falsa universalidade da lei" que corresponderia a *normas* "emanadas da sociedade".[19]

O livro também traz conseqüências entre os historiadores. Agulhon, Chartier, Farge, Leonard, Perrot, Revel, etc., discutem seu livro em geral, e pelo menos Farge e Perrot continuam a pesquisa com Foucault. A primeira

---

16. J. Colombel, op. cit., p. 160. Ver *Dits et écrits* IV, p. 32.
17. M. Delmas-Marty, em *Magazine Littéraire*, nº 325, p. 52.
18. Logo depois de ações militantes comandadas por um professor de filosofia do liceu, François Ewald, que se tornou, desde então, assistente de Foucault no Collège de France. Cf. D. Eribon, op. cit., p. 262-4.
* Parquet: referência ao Ministério Público na França. (N. T)
19. Citado por J. Colombel, op. cit., p. 163.

publicou *Le désordre des familles*, a partir de manuscritos que trabalharam em conjunto[20], e a segunda publicou o ensaio de Bentham.[21] Veyne, Hadot e Le Goff, sem discutir esse livro em especial, também se interessam pela relação de Foucault com a história.

Sem pretender expor o conjunto das interpretações históricas de Foucault, pode-se apontar algumas críticas.

Sob o nome de episteme, Foucault pretendeu descrever uma época em *As palavras e as coisas*, e depois, tendo compreendido a ilusão de uma *totalização* desse tipo, procurará (na *Arqueologia*), por meio do *dispositivo*, descrever uma região de uma época. Em *Vigiar e punir*, ainda é vítima de uma ilusão transcendental quando passa da parte ("nascimento da prisão") para o todo ("o arquipélago carcerário"): tratar-se-ia de apanhar a raiz da totalidade da sociedade – e, imediatamente, os historiadores especializados contestam os resultados. Em relação ao método, funcionalista ou não, não se sabe se o livro "descreve uma máquina ou uma maquinação" (J. Léonard), e não se compreende por que a mesma estrutura de poder se instala no mesmo momento em sociedades nas quais a estrutura de classe é muito diferente (R. Brown). E os historiadores do exército, da escola, etc. não conseguem acompanhar as análises de Foucault.[22]

Em um debate com os historiadores, Foucault definiu seu trabalho como estudo de um *problema*. Em seu "nascimento da prisão" a questão não era compreender a história do período, mas apresentar "a razão utilizada na reforma do sistema penal"[23] no contexto de uma análise de estratégias. Desse ponto de vista, o panoptismo é uma

---

20. A. Farge e Michel Foucault, *Le désordre des familles*, Gallimard, Paris, 1982.
21. Jeremy Bentham, *Le Panoptique*, Belfond, Paris, 1977.
22. Cf. José Guilherme Merquior, op. cit., p. 119 et seq.
23. *Dits et écrits* IV, p. 13.

representação que rege um certo número de reformas – não é nem uma estrutura efetiva que domina inconscientemente os comportamentos (uma gramática), nem um tipo ideal weberiano que permita "compreender", e também não é uma figura da fenomenologia hegeliana nem um efeito ideológico superestrutural (marxismo).

A estratégia pode ser pensada em termos puramente descritivos – mas para Foucault ela é, ao contrário, descrição do campo de batalha que permite a intervenção (a tentação é dizer *engajamento*). Assim, o conceito de *malevolência*[24] lhe permite apresentar "a cauterização clitoridiana com ferro em brasa"[25], comum no final do século XIX, no contexto de "sua" história da medicina ou da sexualidade. Da mesma forma, com ironia – "na França não temos *gulag*, mas temos idéias"[26] –, ele observa que um francês deu aos russos a idéia de campo de trabalho na Sibéria, por ocasião de um congresso de criminologia em São Petersburgo em 1890...

Deste ponto de vista, o emprego da expressão "arquipélago carcerário" é evidentemente absurdo quando se descreve a sociedade do século XVIII, mas depende da retórica do combate se se trata de sugerir uma proximidade entre o arquipélago descrito por Soljenitsin e a instalação das estruturas da sociedade liberal ocidental. Para Foucault, não há nem mais nem menos racionalidade no suplício do que na prisão.[27] Assim como o manicômio pineliano é uma regressão, o sistema carcerário, menos cruel do que o suplício, parece-lhe mais perigoso: nos dois casos, o sujeito livre (no sentido cartesiano) é negado pela modernidade.

---

24. *Surveiller et punir*, p. 141 (ed. bras., p. 120).
25. *Dits et écrits* III, p. 319.
26. Ibidem, p. 326.
27. *Dits et écrits* IV, p. 26.

Por fim, lembrarei uma ambivalência na recepção de Foucault pelos comunistas. O Partido Comunista Francês jamais foi muito tolerante com seus antigos militantes, e Foucault sentiu isto na pele. Não destacarei aqui as frases sobre ele nas publicações comunistas[28], mas examinarei a interpretação que Jeannette Colombel tem do livro.

Proveniente do marxismo ortodoxo, essa antiga professora de *khâgne** lia Foucault desde o final dos anos 50, e o segue mantendo-se na militância. Ela deixa de publicar em *La Nouvelle Critique* depois de seu artigo sobre *As palavras e as coisas* (abril de 1967) – e depois de ter tomado uma posição anti-humanista com Althusser contra Garaudy (então membro da Seção Política). Depois de um trabalho sobre Sartre, ela apresenta uma leitura da obra de Foucault *situada* no início dos anos 90.[29] Apoiando-se no sentido foucaultiano (ou sartriano) da fraternidade, Jeanette retoma a análise do presente por meio de conceitos forjados em *Vigiar e punir* e vê na existência dos *excluídos* o sintoma do caráter particular do novo universal: a globalização.

A partir de Foucault, ela afasta o imperativo social-democrata de *inserção* dos "excluídos" – para Jeannette, trata-se de fato de perceber a adaptação ao novo regime do poder. Segundo a opinião de Gilles Deleuze, "diante das formas de controle em espaço aberto, pode muito bem

---

28. Foucault julgava que os membros do PCF reagiam aos acontecimentos por meio da denúncia em vez da análise, em especial pela "mentira" sobre *História da loucura* e *Vigiar e punir*... – e que seus intelectuais eram desprovidos de radicalidade: eles falavam, em vez de se envolverem fisicamente. Cf. *Dits et écrits* III, p. 238. Ver, em todo caso, o artigo nuançado de J.-P. Cotten, "A verdade em litígio", *La Pensée*, dezembro de 1978.

* *Khâgne*: preparatório à Escola Normal Superior.

29. Jeannette Colombel, *Michel Foucault*, Paris, 1994.

acontecer que os encarceramentos mais duros nos pareçam pertencer a um delicioso passado benevolente".[30]

A extensão social-democrata do controle está no mesmo nível da pesquisa "de universais da comunicação".[31]

Nessa perspectiva vê-se muito bem como o universal não é essencial para a *comunicação* – a própria lógica do Estado republicano integracionista (Platão ou De Gaulle instituindo a escola mista, etc.) entra em conflito com os interesses particulares da burguesia em seu desenvolvimento atual; a burguesia então se alia ao clero – que ela combatia no momento da implantação da disciplina sob a Terceira República – para destruir a instituição do universal que, agora, a ameaça. *Invertendo a análise de Foucault para manter seu poder subversivo na situação presente*, Jeannette Colombel diz que, nessas condições, "os bastiões disciplinares não são tanto uma retaguarda na sociedade presente, mas antes um contrapeso necessário a seu funcionamento, em que os riscos são calculados de modo previsível para uma população".[32]

O culto do desempenho no esporte cria um corpo dócil mais bem adaptado aos imperativos presentes do que a fabricação disciplinar analisada por Foucault. E as ciências humanas participam do sistema presente sob a forma nova da gestão psico-sócio-econômica dos "recursos humanos, em que se faz crer ao sujeito (tomado no sentido de sujeição) que ele é autônomo e, portanto, responsável em suas iniciativas [...] – as expressões 'fazer um balanço', 'auto-avaliar-se', 'investir-se' pontuam os discursos produzidos por essas práticas que se estendem à

---

30. Gilles Deleuze, *Pourparlers*, Paris, 1990, p. 227, citado por J. Colombel, op. cit., p. 165.
31. J. Colombel, op. cit., p. 165.
32. Ibidem, p. 165.

[...] educação".[33] Jeannette Colombel fala dos "padres ascéticos do liberalismo" que, como os padres da análise de Nietzsche, transformam seu ressentimento agressivo em culpabilidade dócil.

O livro termina com uma crítica de François Ewald ou de Martine Aubry que, esquecendo o categórico das análises, querem evitar a guerra de todos contra todos por meio de normas consensuais[34], fazendo do pensamento de Foucault uma "filosofia das normas" em vez de um fermento de contestação "que parte de baixo".

Está claro, portanto, que a posição singular da escritura de Foucault se presta a muitas leituras.

2) Deslocamentos

Uma conseqüência de *Vigiar e punir* será a distância que Foucault começa a tomar dos textos de Sade. Em seus três primeiros livros, Sade é um testemunho da resistência à normalização. A partir de 1975, ele se torna um "sargento do sexo"[35] e, no ano seguinte, será analisado como sintoma.[36] – Observe-se ainda que, em 1977, Foucault modificou sua atitude puramente crítica, pois decidiu responder favoravelmente a uma comissão governamental encarregada de estudar uma reforma do código penal e de participar das discussões em andamento.[37]

Em 1978, Foucault julga que *Vigiar e punir* mostrou "um desbloqueio tecnológico da produtividade do poder" a partir dos séculos XVII e XVIII, uma "nova economia do

---

33. Ibidem, p. 167.
34. Ibidem, p. 176-7.
35. *Dits et écrits* II, p. 164.
36. Cf. p. 154.
37. Cf. D. Macey, op. cit., p. 382, e p. 518, nota 100.

poder".[38] Ele não faria a história da instituição prisão, mas a história do pensamento da punição, das "mudanças na problematização das relações entre delinqüência e castigo...".[39] Ele faria genealogicamente "a ontologia histórica de nós mesmos em nossas relações com um campo do poder em que nos constituímos como sujeitos agindo sobre os outros".[40] Seu problema seria saber finalmente como os homens se governam (a eles mesmos e aos outros) por meio da produção de verdades: "como ligar um à outra – o modo de partilhar o verdadeiro e o falso e a maneira de governar a si e aos outros".[41] Assim como as epistemes separam a ciência da ilusão, os "regimes das práticas"[42] separam o louco do racional, o homem honesto do preso. Regimes que programam os comportamentos, mas sem poderem ser confundidos com as instituições; assim, as *normas* da sociedade disciplinar não são as *leis* que instituem o sistema penal. Foucault aprofunda essa idéia do poder como feixe de relações – contra a representação de um centro irradiante – observando que a monarquia que se tornará absoluta se constituiu em cima de poderes muito localizados (durante o feudalismo) e que o nazismo conseguiu *pegar* porque se baseava num fascismo interior ao povo.[43] Nas epistemes não há sujeito transcendental, mas estruturas: nos dispositivos de poder não há sujeito histórico global,

---

38. *Dits et écrits* III, p. 149. Essa expressão evidentemente remete à NEP (*Novaia Ekonomitcheskaia Política*), a nova política econômica instituída por Lênin em 1921 depois da insurreição dos marinheiros de Kronstadt, e caracterizada por uma renúncia ao comunismo de guerra e um retorno provisório ao capitalismo. A NEP será abandonada por Stálin em 1928.
39. *Dits et écrits* IV, p. 669.
40. 1983. *Dits et écrits* IV, p. 393, p. 618, p. 633.
41. Ibidem, p. 30.
42. Ibidem, p. 22. Cf. *Dits et écrits* III, p. 392-3.
43. *Dits et écrits* III, p. 304 (feudalismo) e *Dits et écrits* II, p. 654 (nazismo).

mas a guerra de todos contra todos, e, mesmo no interior dos indivíduos, lutas entre os "subindivíduos".[44]

3) Antinomia entre a estrutura e a singularidade (bis)

a) Em *As palavras e as coisas* (1966), o conceito de episteme caracteriza *a totalidade* de uma época – ainda que as matemáticas e a física sejam deixadas de lado. Em 1970, quando saiu a edição inglesa, Foucault abandona essa ilusão totalizadora.[45] Contudo, ele a repete em *Vigiar e punir* (1975), quando generaliza "o nascimento da prisão" para a totalidade da sociedade burguesa ("o arquipélago carcerário"). Em *A arqueologia do saber* (1969), apesar da ambição de destruir todo saber anistórico, talvez subsista uma esfera de universalidade.[46] Ora, por causa da recaída na ilusão totalizadora, o livro de 1975 destrói essa possibilidade.

Por certo Foucault distingue a lei da norma e contesta às vezes esta em relação àquela – mas ao falar de magistrados apenas um pouco recalcitrantes ou de professores-juízes ele identifica o momento normativo e o momento legal. Nesse caso, para recorrer ao *jurista* e ao *sábio* contra o normalizador (no juiz ou no professor), seria preciso aceitar o reconhecimento de um direito racional (no direito positivo) e um saber científico (na instituição escolar) anistóricos. Ora, *Vigiar e punir* rejeita em bloco o conjunto do "arquipélago carcerário". Neste caso, o professor nada mais é que o juiz normalizador de um corpo indócil. E o magistrado judiciário nada mais é que o fornecedor do universo carcerário. O paradoxo é que o livro possui um lado acadêmico, ou seja, que um professor proporciona

---

44. *Dits et écrits* III, p. 311.
45. Cf. *Dits et écrits* II, p. 8, p. 808. *Dits et écrits* IV p. [17], a, e VI p. [8].
46. Cf. p. 123.

um saber crítico que um magistrado insatisfeito com o papel normalizador que o fazem representar poderia utilizar.

Reencontramos esse equívoco na relação entre a genealogia e a estrutura universal. Para Foucault, a Inquisição fez aparecer o método experimental das ciências da natureza, e a sociedade disciplinar, as ciências humanas. Foucault opõe um espantoso "saber calmo dos animais, das plantas ou da terra" aos conhecimentos que produzem "o terrível poder de investigação e a minúcia fútil e perversa das disciplinas" (p. 227; ed. bras., p. 186). Todavia, as ciências da natureza conseguiram se *desligar* do procedimento inquisitorial, ao passo que as ciências humanas continuam *presas* às tecnologias disciplinares. Tal diferença torna impossível a identificação, sob o conceito de normalização, do professor de física e de seu colega de literatura.

b) As idéias de *maldade* ou de *malevolência* remetem a uma antropologia de inspiração cristã. Por exemplo, encontra-se em Kant, sob o nome de *mal radical*, essa compreensão pessimista do homem que se poderia também ler em Rousseau – relacionada ao conceito cartesiano de liberdade. Na antropologia rousseauniana não é absolutamente a razão que é falível, é a liberdade humana, a perfectibilidade, essa "faculdade que, com a ajuda das circunstâncias, desenvolve sucessivamente todas as outras" e, provocando a reflexão, se distancia do "puro movimento da natureza".[47] É essa liberdade que leva o sujeito cartesiano ao mal e ao erro, contra a evidência natural ou divina. Essa liberdade que, em *História da loucura*, estava paradoxalmente vigiada na era clássica.[48]

---

47. Rousseau, *Discours sur l'origine et les fondements de l'inégalité parmi les hommes*, em *Œuvres complètes*, tomo 3, Paris, 1964, p. 142 e p. 155. Ver Kant, *Conjectures...* em *Œuvres philosophiques*, tomo 2, p. 511.
48. Cf. p. 28, nota 10, e p. 41.

O enraizamento dos saberes nos processos históricos antropologicamente caracterizados anula, portanto (em 1975), a proclamada expulsão (em 1969) da referência a uma "subjetividade fundadora".[49] Quando um humanista quer ler no progresso científico uma manifestação da bondade humana, um anti-humanista vê aí uma manifestação da maldade! Este debate se situa no interior de uma compreensão antropológica do pensamento, recusada por *As palavras e as coisas* por causa de seu lado *pré-crítico*...[50]

c) François Mauriac voltou "horrorizado" de um processo do supremo tribunal criminal.[51] Foucault estava escandalizado com a condição do louco no manicômio pineliano e se escandalizou com a situação do preso. Se a liberdade pode levar os homens, no curso dos processos históricos, à cultura da maldade, a ação generosa deve opor-se livremente a ela. Nos anos 60, Foucault ironiza a boa consciência humanista, e em seguida se envolve no combate do qual participa seu livro de 1975. Há uma coerência na evolução da fraternidade foucaultiana: já que a prece é inoperante e a ironia é impotente, nada mais resta que a revolta. Compreende-se por que Sartre ou Domenach se juntam ao Grupo de Informação sobre as Prisões.

Contudo, não desapareceram todos os traços do método estrutural. De fato, uma parte da explicação foucaultiana não segue um método marxista: a sociedade disciplinar se instala por efeito demográfico, etc. Nesse nível, para explicar a emergência da disciplina, basta fazer intervirem fatores econômicos, demográficos, sociais, psicológicos, etc. – é supérfluo sustentar uma antropologia.

---

49. Cf. *Archéologie du savoir*, p. 159 (ed. bras., p. 140).
50. Cf. p. 99.
51. Cf. Claude Mauriac, *Signes rencontrés et rendez-vous*, Paris, 1983, p. 35. (Livre de Poche)

Se o surgimento das epistemes, ou dos dispositivos, ou das figuras do saber-poder procede de deslocamentos estruturais, *ínfimos mas decisivos*, num sentido não-antropomórfico da "decisão"[52], então as lutas concretas, que os agentes ilusoriamente tomam por manifestações do livre-arbítrio, são elas mesmas condicionadas pelas estruturas que expressam. As verdadeiras transformações ocorrem, portanto, mais no nível dos deslocamentos ínfimos do que no nível manifesto: por exemplo, a substituição do tubo eletrônico pelo transístor (1948), ou a invenção do microprocessador (1971), ou, em outro nível, a introdução das turmas mistas no ensino primário e secundário.

Inútil fazer intervir o livre-arbítrio para explicar – ou promover – tais deslocamentos.

---

52. *Archéologie du savoir*, p. 88 (ed. bras., p. 73). Cf. p. 109.

7
História da sexualidade: a vontade de saber (1976)

Os livros de Foucault sobre a loucura, a clínica e a prisão parecem indicar, no próprio corpo, uma possibilidade de resistência. Em 1961, a loucura podia afirmar uma resistência à normalização e Foucault buscava a indocilidade em Sade ou Artaud... Em 1966, a "verdadeira"[1] subversão do positivismo não estava num aprofundamento (social-democrata ou comunista) do humanismo, mas em uma ruptura com esse tema. Em 1975, a batalha dos corpos indóceis ameaçava.

Depois de maio de 1968, que perturbou as sensibilidades, Marcuse[2] e Reich[3] se tornaram referências maiores nos movimentos contestadores. É o corpo *inútil* do hedonismo libertário uma alternativa ao corpo *dócil* da sociedade disciplinar? É preciso libertar o desejo contra a repressão religiosa e capitalista? Foucault deve se explicar

---
1. *Les mots et les choses*, p. 333 (ed. bras., p. 443).
2. Depois de uma tese sobre Hegel, orientada por Heidegger, Herbert Marcuse (1898-1979) trabalha na equipe da Escola de Frankfurt, exila-se em 1932 e torna-se professor em San Diego (Califórnia). Publicou *Eros e civilização* (1954) e *O homem unidimensional* (1964).
3. Psicanalista vienense e depois militante comunista berlinense, expulso dos dois movimentos, Wilhelm Reich (1897-1957) é conhecido especialmente por *A revolução sexual* (1936). Fugindo do nazismo, indesejado na Dinamarca, Noruega e Suécia, emigra para os Estados Unidos (1939). Ali morrerá na prisão.

com o freudo-marxismo e o faz em 1976 – conforme seu hábito, tomando contrapé das evidências...

Nos últimos trezentos anos, os movimentos de liberação da sexualidade só vêem a repressão do prazer:

> A pergunta que eu queria fazer não é por que nós somos reprimidos, mas por que dizemos, com tanta paixão, com tanto rancor contra nosso passado mais próximo, contra nosso presente e contra nós mesmos, que somos reprimidos? (p. 16; ed. bras., p. 14)

A *hipótese repressiva*

A tese reichiana presume que no século XVII se instala uma repressão normalizadora de toda a sexualidade, e que o século XX afrouxa esses mecanismos da repressão. Foucault ataca frontalmente esse esquema: a burguesia não *reprime* o sexo em geral, mas se *afirma* em uma cultura do *esperma* e da *sexualidade*, em oposição à cultura aristocrática do *sangue* e da *aliança*. A aristocracia, conservadora, preocupava-se com as origens de seu sangue, e a burguesia, progressista, preocupar-se-á com a hereditariedade: regressão do sistema da aliança, emergência do dispositivo de sexualidade. Essa passagem de uma sociedade de "sangüinidade" a uma sociedade de "sexualidade" se expressa em Sade no antigo modelo aristocrático do sangue.

a) A cronologia das técnicas e de sua utilização contradiz a tese de Reich. É a partir do Concílio de Latrão (1215) que a confissão se torna obrigatória para todos os fiéis, e é por volta de meados do século XVI que se desenvolvem os procedimentos de direção de consciência. É no início do século XIX que nasce, fora da instituição eclesiástica, uma nova "tecnologia" (p. 119; ed. bras., p. 87) do sexo – tecnologia essa que não é mais ordenada pela questão da morte e do castigo, mas pelo problema da vida e da doença. A carne é rebatida pelo organismo. Aparecem a análise da hereditariedade e a gestão médico-política dos casamentos. Por meio da jurisprudência, da medicina legal e da vigilância das crianças, a teoria da *degenerescência* dá a essa nova tecnologia um formidável poder. O sexo é ao mesmo tempo a vida do corpo e a vida da espécie: a sexualidade da criança, a histerização do feminino, o controle da natalidade e a psiquiatrização das perversões foram as diferentes maneiras "de compor as técnicas disciplinares com os procedimentos reguladores" (p. 193; ed. bras., p. 137).

Mais adiante veremos o que é o dispositivo de sexualidade. Por enquanto, pode-se dizer que o sangue e o esperma se cruzam no eugenismo e racismo modernos. O nazismo procede a uma disciplina eugênica da sociedade, acompanhada da "exaltação onírica de um sangue superior".[4] Foucault reconhece à psicanálise a honra política de uma oposição prática ao fascismo e da ruptura teórica com o sistema da perversão-hereditariedade-degenerescência (p. 157; ed. bras., p. 112).

A psicanálise, contudo, é um privilégio da burguesia que pensa conforme os antigos conceitos aristocráticos. Foucault situa a psicanálise relativamente à nova forma corporal da "consciência de classe" (p. 166; ed. bras., p. 119). Charcot[5] procurava separar a sexualidade da aliança. Para tratar os pacientes, ele visava à normalização da

---

4. *La volonté de savoir*, p. 197 (ed. bras., p. 140). Ver a disciplina exterminadora da enfermeira e do criador de galinhas (Himmler): *Dits et écrits* II, p. 821.
5. Professor no Salpêtrière, Jean-Martin Charcot (1825-1893) fundou *Os arquivos de neurologia* em 1880 e deu seu nome a uma doença (a amiotropia, tipo Charcot-Marie). Freud foi seu aluno em 1885-1886 e deu o nome de Jean-Martin a seu filho mais velho.

sexualidade segundo um modelo neurológico. Freud entendeu a lição e buscou, no tratamento, deixar a sexualidade fora do controle familiar – mas, em vez de um modelo positivista, pôs o incesto no coração de sua teoria do dispositivo edipiano. No fundo da sexualidade de cada um, a psicanálise encontra assim a relação pais-filhos, que permite manter "o dispositivo da sexualidade espetado no sistema da aliança". No momento em que se organiza uma perseguição sistemática às práticas incestuosas nos campos e nos subúrbios, a psicanálise descobre o Édipo. A psicanálise é um privilégio de classe:

> [Em um dispositivo de sexualidade agora generalizado], os que haviam perdido o privilégio exclusivo de se preocupar com sua sexualidade, de agora em diante têm o privilégio de experimentar mais do que outros o que a proíbe e de possuir o método que permite remover o recalque. (p. 172; ed. bras., p. 122)

b) Além disso, a tese reichiana pressupõe que a repressão depende de um uso calculado da força humana voltado ao trabalho obrigatório, mais do que ao prazer gratuito. Ora, as técnicas do sexo não se aplicaram inicialmente no trabalhador adulto, mas nas crianças e no corpo feminino. O onanismo do jovem burguês e a histeria de sua mãe foram os problemas maiores, ao passo que no mundo de *Germinal*, nas condições de vida do proletariado, "as pessoas estavam longe de se preocupar com seu corpo e com seu sexo:[6] – pouco importava que essa gente vivesse ou morresse, de qualquer modo se reproduziam sozinhos" (p. 167; ed. bras., p. 119).

---

6. Cf. K. Marx, *Le capital*, livro 1, cap. X, 2, "o capital ávido de mais-valia" (nota de Foucault).

A intensidade corporal cultivada no dispositivo de sexualidade depende em primeiro lugar da afirmação da burguesia, mais do que da servidão do proletariado. Só no século XIX, quando ocorriam conflitos, epidemias, urgências econômicas, é implantada a tecnologia de controle que vigia os corpos dos proletários. Reticente, o proletariado acredita que a sexualidade não lhe diz respeito.

> Portanto, é preciso voltar a formulações há muito desacreditadas; deve-se dizer que existe uma sexualidade burguesa, que existem sexualidades de classe. Ou antes, que a sexualidade é originária e historicamente burguesa, e induz, em seus sucessivos deslocamentos e suas transposições, conseqüências de classe específicas. (p. 168; ed. bras., p. 120)

A sexualidade é originariamente burguesa

Desde o século XVII, esse biopoder, indispensável para o capitalismo, é *disciplina* do corpo e *regulamentação* da população. A primeiríssima formação do capitalismo requer talvez uma moral ascética, mas seu desenvolvimento a partir do século XVIII se caracteriza pela entrada da vida na história. O fato de viver não é mais uma base inacessível. O homem não é mais o animal político de Aristóteles, mas é "um animal na política, cuja vida de ser vivo está em questão". *Desde então, a questão do homem está posta e o jogo da norma precede o sistema do direito.* A questão do direito, elaborada desde o início da modernidade, presume uma autarcia do homem vivo, que exige o direito de ler, de falar, de se deslocar, etc. Ora, se a própria vida se torna acessível à intervenção coletiva, a problemática jurídica retrocede, e a vida – mais do que o direito – se torna objeto das lutas políticas. Estas se formulam por meio de afirmações incompreensíveis para o sistema jurídico clássico: o "direito" à vida, ao corpo, à saúde, à felicidade, à satisfação das necessidades...

A sociedade "burguesa, capitalista ou industrial" empregou um aparelho para produzir discursos *verdadeiros* sobre o sexo. Muito falou sobre o sexo e obrigou cada um a *confessar*. Quer formular sua verdade como se suspeitasse nela um segredo capital. Pouco a pouco o sexo se tornou "o fragmento de noite que cada um nós carrega em si" (p. 93; ed. bras., p. 68). Ao contrário da *ars erotica* oriental, no dispositivo ocidental da confissão aquele que fala é que está constrangido. Constrangimento para confessar seus desejos nas "formas científicas" que passam por uma "codificação clínica do fazer falar". A decifração hermenêutica da confissão (sua *interpretação*) e a medicalização de seus efeitos formam uma nova configuração da verdade.

> Aquele que escuta não será simplesmente o senhor do perdão, o juiz que condena ou dispensa; ele será o senhor da verdade.

Esse dispositivo, que estende "a velha injunção da confissão sobre os métodos da escuta clínica", possibilita o aparecimento da *sexualidade*. Começa-se a compreender a historicidade do eterno humano.

No século XIX, o sexo interessa à biologia da reprodução e a uma medicina da sexualidade, a primeira origina-se da clássica vontade de saber, a segunda parece ter origem em "uma vontade obstinada de não saber". Uma *scientia sexualis* constituiu-se, de fato, na forma da confissão. Eram os arquivos "sem traços" da confissão cristã, agora são as instituições do discurso sobre o sexo:

> Confessa-se em público e em particular, aos pais, aos educadores, ao médico, a quem se ama; faz-se a si mesmo, no prazer e na dor, confissões impossíveis de fazer a

qualquer outro, e delas se escrevem livros. (p. 79; ed. bras., p. 59)

Passamos do modelo platônico da reminiscência para o modelo do exame de consciência, e nessa passagem gostaríamos de ver a liberação.

Em vez de se deixar levar por essa injunção da consciência moderna, manifestada pelas *Confissões* de Rousseau ou *As palavras* de Sartre, em vez de se entusiasmar pela confissão vivida como subversão ou transgressão, Foucault questiona o elo tradicional da verdade e da liberdade, da qual a confissão é o último avatar.

Confissão e verdade

> Parece-nos que a verdade, no mais íntimo de nós mesmos, não "exige" nada, a não ser revelar-se; que, se não consegue isto, é porque uma força a impede, porque a violência de um poder pesa sobre ela, e porque ela só poderá se articular ao preço de uma espécie de libertação [...]. Tantos temas tradicionais da filosofia a que uma "história política da verdade" deveria retornar, mostrando que a verdade não é livre por natureza, nem o erro é servo, mas que sua produção é atravessada inteiramente por relações de poder. A confissão é um exemplo disso. (p. 81; ed. bras., p. 59-60)

Algumas palavras de explicação sobre o elo tradicional da liberdade e da verdade são necessárias para compreender essa opinião. Desde Platão a verdade é liberação das ilusões que reconfortam e submetem. O interlocutor de Sócrates sai da obscuridade da opinião em que o encerram as imagens tradicionais de poetas e as modernas artimanhas dos sofistas: saída da Caverna, a inteligência autêntica, educada em conformidade com sua natureza, é livre e tem autoridade sobre todas as coisas.[7] A liberdade é pensada como autarcia, a força própria pela qual uma cidade grega pode permanecer independente – assim como uma cidade que rejeitou seus assaltantes pode viver por si, assim como uma inteligência, tendo se libertado da opinião, pode se reencontrar e reencontrar no fundo de si a essência eterna do real.

Na época moderna o elo verdade/liberdade muda de formulação. A meditação do sujeito cartesiano começa por colocar em dúvida todas as certezas ingênuas – sensível, científica, matemática, religiosa. A dúvida dissipa as ilusões da infância e termina na descoberta do ser próprio do sujeito, reencontrando a verdade de suas certezas na experiência de sua evidência mediata. O texto cartesiano hesita, então, em sua definição do eu, entre a ontologia clássica e a fenomenologia. O eu como alma imortal é um "espírito" que remete a um Deus criador de verdades eternas; como sujeito fenomenológico, é a atividade de "uma coisa que duvida, que concebe, etc.". No primeiro caso, o trajeto cartesiano repetiria num modo novo a ascensão da inteligência platônica em direção a sua autenticidade ontológica. No segundo caso, a atividade autêntica estaria baseada na evidência, dada, que impedia o preconceito. Nos dois casos, o sujeito afirma sua liberdade na tensão entre a escolha cega e a evidência distinta – entre a autarcia cega da liberdade da indiferença (nenhuma razão para ir para a direita mais do que para a esquerda) e a autarcia divina da liberdade esclarecida (nenhuma razão para não ir para a direita). Como as verdades estão descobertas, a atividade subjetiva é refletida em uma doação.

Assim, para a filosofia clássica, a liberação é restituição de sua verdade – ou de sua autarcia – a uma substância

---

7. Platão, *Leis*, IX 875 c; sobre a auto-suficiência do bem perfeito em Aristóteles: *Ética a Nicômaco* I, 5, 1.097 b 8.

(Platão) ou a um sujeito (Descartes). E, reciprocamente, o conhecimento da verdade liberta da força dos preconceitos e permite pensar autenticamente e viver bem. Dizer a verdade é dizer o que são esta substância ou este sujeito que sou, apesar das opiniões ilusórias que os recobrem desde a infância. Ser livre é afirmar o ser próprio de sua substância ou de seu sujeito.

Ora, a partir de Kant a verdade não é mais desvendamento, mas construção: dizer a verdade de um triângulo não é mais desvendar o que ele é em si ou no entendimento divino, mas dizer segundo que conceitos e que métodos construí-lo, dizer qual é o processo geométrico, independente das particularidades dos sujeitos humanos ou dos objetos empíricos. Pode-se então questionar as condições de possibilidade "transcendentais" da verdade, ou seja, as condições de possibilidade do saber geométrico, físico, etc. – as categorias do entendimento (Kant). Nesse caso, a verdade objetiva (científica) não *pede* para aparecer, mas provém da atividade do físico. Da mesma forma, a verdade reflexiva (filosófica) no filósofo procede de uma atividade "dogmática" (demonstrativa).[8]

Depois da *Crítica da razão pura* não é mais necessário fazer intervir uma garantia ontológica (a Natureza, Deus) para enraizar a verdade do discurso. Em si mesma, a verdade não liberta mais, baseia-se antes em uma atividade constituinte. E essa atividade não é mais livre no sentido de um impulso imemorial – a força divina na substância ou no sujeito –, mas no sentido de uma *autonomia*. A liberdade não é nem a hesitação do livre-arbítrio nem a autarcia autêntica da substância.

Foucault retoma o sentido da verdade como atividade que faz as diferenças[9], mas vimos que sua reflexão não

---

8. Kant, *Critique de la raison pure*, Prefácio (B, XXXV).
9. *Dits et écrits* III, p. 112.

visa ao desvendamento de categorias transcendentais anistóricas, mas do *a priori* histórico (a episteme, o dispositivo). E sabemos que para Foucault a liberdade não é a autonomia, mas o livre-arbítrio. Por conseguinte, a filosofia foucaultiana já não é mais governada por uma estrutura categorial (autonomia).

Para voltar à *história política da verdade*, deve-se compreender que o dispositivo da psicanálise é um conjunto de condições *históricas* de possibilidade da verdade, como o foram os dispositivos que permitiram a clínica ou as ciências humanas. Para vir à tona, a verdade não exige mais do que o objeto científico, segundo *A arqueologia do saber*[10] – mas o saber é correlativo de um poder. É preciso, portanto, pensar o poder. Não se trata, como acreditam os freudo-marxistas, de um poder repressivo; também não se trata de uma atividade autônoma da razão, do poder da linguagem como tal. Como pensar este conceito?

A repressão não é o conceito pertinente para compreender o poder

Embora partindo de Freud, as análises de Reich e de Lacan são distintas. O primeiro pensa a natureza e a dinâmica das pulsões em termos de repressão dos instintos, o segundo em termos de lei do desejo. Mas ambas as análises concebem o poder como uma relação *negativa* de exclusão. O poder prescreveria uma *ordem jurídica e discursiva* visando à interdição do sexo, sua censura em todos os níveis da vida humana: política, social e familiar. De fato, esta *representação* comum do poder foi estabelecida com a instituição da monarquia contra os poderes medievais (servidão, vassalagem). A linguagem jurídica do poder proíbe as guerras feudais e assegura a unidade judiciária.

---

10. Cf. p. 110.

Ora, o século XVIII contesta as faltas no *direito*, mas absolutamente não questiona a forma jurídico-política do *poder*; da mesma forma, as críticas do século XIX postulam que o poder deve ser exercido segundo um direito fundamental...

Foucault rompe com essa representação que considera o sujeito submisso como o que obedece a um poder-lei. *Os novos procedimentos de poder exercidos sobre os corpos vivos são mais técnicos e normalizadores do que jurídicos.* O poder não rege o sexo no modo da proibição, mas seguindo uma tecnologia.

> O velho direito de fazer *morrer* ou deixar *viver* foi substituído por um poder de fazer *viver* ou de devolver à *morte*. (p. 181; ed. bras., p. 130)

O poder paternal em Roma e depois o poder do rei católico eram o direito de matar. O gládio simbolizava a justiça. Agora a pena de morte está rareando e o papel do poder é produzir a vida, multiplicá-la e ordená-la. E, paradoxal mas logicamente, as guerras jamais foram tão sangrentas como depois do advento da soberania popular que visa preservar sua existência biológica. "Os massacres se tornaram vitais" (p. 180; ed. bras., p. 129), a ameaça atômica sobre as *populações* sendo o ponto último desse movimento.

O conceito de poder não designa, portanto, nem uma soberania política nem um modo regrado de sujeição, nem uma dominação social, mas "a multiplicidade das relações de força imanentes ao terreno em que se exercem, e são constitutivas de sua organização". As páginas 121-127 (ed. bras., p. 89-92) do livro de 1976 contêm a definição foucaultiana, não-jurídica, do poder. Nem instituição, nem estrutura, nem potência própria a alguns, o poder está em toda parte e vem de baixo.

As relações de poder são ao mesmo tempo intencionais e não-subjetivas.

Elas resultam de cálculos locais, sem que ninguém jamais tenha concebido o conjunto das grandes estratégias mudas que coordenam as táticas loquazes. Sendo a guerra e a política duas formas de relações de força, compreende-se que as relações de poder sejam dinâmicas: "onde há poder, há resistência", a conceber segundo uma multiplicidade, não *uma* grande Recusa, mas *resistências*, pontos móveis e transitórios "sulcando os próprios indivíduos, recortando-os e remodelando-os, traçando neles, em seus corpos e em suas almas, regiões irredutíveis"[11] (p. 127; ed. bras., p. 91-2).

A crítica freudo-marxista da repressão não rompe com o que denuncia...

É verdade que o discurso indecente ou a risada estrondosa que acompanha a sexualidade precoce das crianças se esfumaçam no início da era clássica. Mas é verdade também que a pastoral cristã fazia da *carne* a raiz de todos os pecados. Os cristãos deslocam o momento essencial da culpa para o problema do desejo. Desse deslocamento veio a exigência da confissão de *si* – da "linha de junção do corpo e da alma" –, mais do que a confissão de *atos* ilegítimos. Na Idade Média, a carne e a penitência são um tema e uma prática unificados por um discurso religioso. Logo depois essa unidade foi "decomposta em uma explosão de discursividades distintas, que tomaram forma na demografia, na biologia, na medicina, na psiquiatria, na psicologia, na moral, na pedagogia, na crítica política" (p. 46; ed. bras., p. 35).

---

[11]. Mas não se sabe se esses pontos de resistências são singularidades irredutíveis, como o são, por exemplo, "as intensidades da faixa libidinal" de J.-F. Lyotard (*Economie libidinale*, Paris, 1974) ou interseções estruturais.

Como para a penalidade, temos aqui a passagem de um julgamento (moral, religioso) voltado sobre os atos para um julgamento voltado sobre os sujeitos. Esse deslocamento do objeto do julgamento, da infração para o infrator (da qualidade da substância para a normalidade do sujeito), permite a constituição das ciências humanas. O homem é uma invenção cristã e a história do dispositivo de sexualidade pode valer como "arqueologia da psicanálise" (p. 172; ed. bras., p. 122). Portanto, trata-se de assinalar o engodo que consiste em fazer da interdição do sexo o elemento fundamental da sexualidade moderna, esquecendo de levar em conta os locutores e as instituições, o fato discursivo global de onde provém não um tabu, mas "uma ciência da sexualidade" – que talvez seja apenas uma forma "singularmente sutil de *ars erotica*" (p. 96; ed. bras., p. 70).

Nas relações de poder entre homens e mulheres, jovens e velhos, pais e prole, educadores e alunos, padres e leigos, administração e população, quatro estratégias dão lugar a um saber – e *produzem a sexualidade*: a histerização do corpo feminino, a pedagogização do sexo da criança, a socialização dos comportamentos procriadores e a psiquiatrização do prazer perverso. O dispositivo de sexualidade, ligado a uma intensificação do corpo, tende a substituir o antigo dispositivo de aliança que visava à manutenção da ordem social. A *sexualidade* nasceu de uma técnica religiosa de poder, na origem centrada na aliança: o dispositivo de aliança busca a reprodução e a transmissão dos nomes e dos bens; a temática religiosa da *carne* diz respeito ao corpo, à sensação, à natureza do prazer, aos mais secretos movimentos da concupiscência, às formas sutis do deleite e do consentimento. A conseqüência maior dessa associação da aliança e da sexualidade sobre a forma familiar é o estatuto do incesto. O incesto é proibido na família como dispositivo de aliança, mas é requisitado na família como incitação permanente da sexualidade. Se o Ocidente afirma com tanta força a proibição do incesto, é porque deseja manter o sistema da aliança no dispositivo de sexualidade.

> Assim, mesmo na nova mecânica de poder, o direito estaria a salvo. (p. 144; ed. bras., p. 104)

O dispositivo de sexualidade, que primeiro se desenvolve à margem da família (direção de consciência, pedagogia), centra-se nela e causa as novas figuras da "mulher nervosa, a mãe indiferente ou assediada por obsessões de morte, o marido impotente, sádico, perverso, a filha histérica ou neurastênica, a criança precoce e já esgotada, o jovem homossexual que recusa o casamento ou não dá importância à sua mulher". A sociedade moderna, "perversa" (p. 65; ed. bras., p. 47), não pára de enrolar espirais em que poder e prazer se reforçam, prazer de poder vigiar, prazer de resistir ao poder. Don Juan é menos libertino que "perverso" (p. 54; ed. bras., p. 40). Até o século XVIII o sexo dos casados estava sob vigilância – desde então, o interrogado é a criança, o louco e o homossexual. *O poder se exerce mais do que interdita*, na indefinida penetração das famílias, a pretexto de impedir o onanismo, na constituição das espécies (homossexuais, zoófilos, etc.), consolidando cada sexualidade para incorporá-la ao indivíduo, nas "perpétuas espirais" do prazer/poder do exame médico, da investigação psicológica, do relacionamento pedagógico, dos controles familiares – na saturação sexual dos lugares e dos ritos sociais. Os comportamentos polimorfos da perversidade foram consolidados no corpo e no prazer dos homens, ao mesmo tempo em que a proliferação era substituída pelos "lucros econômicos" provenientes da medicina, da psiquiatria, da prostituição, da pornografia... (p. 66; ed. bras., p. 48).

Conclusão

O freudo-marxismo não compreende o lugar do desejo na luta de classes. Não compreende a sexualidade. Não compreende o papel político-moral que representa...

A análise da sexualidade como dispositivo *político* põe em evidência uma história dos *corpos*. Esta materialidade não é a do *sexo*. Em *Vigiar e punir* vimos que a alma era produzida pelo dispositivo carcerário. Agora vemos que também o sexo é uma produção histórica. O sexo é o "elemento mais especulativo, o mais ideal, o mais interior também em um dispositivo de sexualidade que o poder organiza em suas tomadas dos corpos, de sua materialidade, suas forças, suas energias, suas sensações, seus prazeres" (p. 205; ed. bras., p. 145).

Por exemplo, o sexo é definido como o que é comum ao homem e à mulher *e* o que falta à mulher *e* o que constitui por si só o corpo feminino... O sexo é "um ponto imaginário fixado pelo dispositivo de sexualidade" que permite reagrupar sob uma "unidade fictícia" elementos disparatados; dar, pela vizinhança com a fisiologia e a biologia, um estatuto quase científico ao saber da sexualidade; e esconder "o que faz o 'poder' do poder", apresentando o sexo como o contrário do poder. Esse elemento imaginário desperta um tal desejo de sexo que "chegamos a exigir nossa inteligibilidade ao que foi considerado loucura por tantos séculos, a plenitude de nosso corpo ao que foi por muito tempo o estigma e a ferida, nossa identidade com o que era percebido como impulso obscuro e sem nome" (p. 206; ed. bras., p. 146).

A representação do imaginário político do poder, presente em Lacan ou Reich, pode portanto ser posta em perspectiva: *essa representação é indispensável ao funcionamento do poder!* Aqueles a quem o poder submete "aceitá-lo-iam, se não vissem nisso um simples limite imposto a seu desejo, deixando valer uma parte intacta – ainda que reduzida – de liberdade?" Um dia, talvez, conclui Foucault, riremos dos homens que acreditavam haver no "sexo" "uma verdade pelo menos tão preciosa quanto a que já haviam pedido à terra, às estrelas e às formas puras de seu pensamento" –, e riremos porque eles consideravam a psicanálise um processo de libertação. A questão não é libertar o sexo, mas livrar-se dessa instância e,

> por uma virada tática dos diversos mecanismos da sexualidade, fazer valer contra as tomadas de poder os corpos, os prazeres, os saberes, em sua multiplicidade e sua possibilidade de resistência. Contra o dispositivo de sexualidade, o ponto de apoio do contra-ataque não deve ser o sexo-desejo, mas os corpos e os prazeres. (p. 208; ed. bras., p. 147)

Críticas

1) *A vontade de saber* é um livro de transição. Em um sentido, todos os livros de Foucault o são, mas este o é de maneira notável: nos anos seguintes Foucault modifica o plano de seu projeto, reelabora a problemática e muda de estilo.

Inicialmente o livro deveria ser acompanhado por cinco estudos sobre a carne, as crianças, as mulheres, os perversos, a população e as raças, sem contar um "Poder da verdade" que estuda a tortura e a confissão na Antiguidade.[12] Os cursos, os escritos e as entrevistas indicam a manutenção de alguns desses temas, por exemplo, "On infantile sexuality", curso dado em Berkeley em 1975, ou os de 77/78 sobre "Segurança, poder, população" e "Nascimento da biopolítica". Mas o projeto inicial da

---

12. Cf. *Volonté de savoir*, nota da p. 79 (ed. bras., p.59) e 4ª capa.

História da sexualidade é modificado e nenhum dos livros previstos aparecerá. Em 1984, Foucault anunciará três livros (*O uso dos prazeres, O cuidado de si* e *As confissões da carne*) e só publicará os dois primeiros – morre antes de revisar o terceiro.

Todos os livros de Foucault tratavam dos séculos XVI-XX e foram escritos numa linguagem cheia de imagens. A crítica da referência a Sade, introduzida depois de *Vigiar e punir* e continuada em *A vontade de saber*, assim como a crítica do conceito de recalque, têm como conseqüência um abandono da "literatura" como testemunho de uma "experiência" reprimida pela normalização moderna – o que levará Foucault ao abandono do estilo poético e a um estudo da antiguidade greco-romana.

Em *A vontade de saber* o questionamento da psicanálise e a recusa do tema da liberação da sexualidade poderiam levar a uma posição rigorista de lógico protestante. De fato, a dessexualização do prazer leva Foucault a experimentar o LSD... Em 1967 ele achava que essa droga permitia ter "a experiência da loucura fora da oposição entre o normal e o patológico".[13] Em 1975, a uma pergunta de Claude Mauriac sobre as relações entre a droga e o sexo, ele responde: "a ternura... sente-se uma grande ternura por aqueles de quem de repente se está muito perto."[14] Em 1977 ou 1978, esse tema da dessexualização do prazer (ou da dor) o leva a dizer, por ocasião de um debate sobre a reforma do código penal, que o estupro não deveria ser distinguido das outras violências físicas – o que lhe vale uma virulenta réplica das feministas.[15]

---

13. *Dits et écrits* I, p. 604.
14. Claude Mauriac, *Mauriac et fils*, Paris, 1986, p. 301. (Livre de Poche nº 4343)
15. Cf. "Apresentação" de *Dits et écrits* III, p. 263, e D. Macey, op. cit., p. 383.

2) O livro não tem a mesma recepção que *As palavras e as coisas* ou *Vigiar e punir*. Maurice Clavel havia anunciado com estrondo sua tese no rádio, mas a leitura do que saiu na imprensa não entusiasma Foucault.[16] Deleuze e Guattari haviam publicado *O anti-Édipo* em 1971 e Jean-François Lyotard, *Economia libidinal* em 1974. Lyotard, que havia contestado que o inconsciente seja linguagem (Lacan) em sua tese (*Discours, Figure*, 1971), prosseguiu adotando uma posição freudo-marxista à qual voltará a partir de 1977.[17] Em uma série de conferências, em 1973, Foucault contestou o freudo-marxismo por meio de uma continuação da "introdução à vida não-fascista" de Deleuze e Guattari[18], insistindo sobre a preeminência de *Édipo*:

> Édipo é precisamente este grande Outro que é o médico, o psicanalista [...], a família enquanto poder.[19]

Em vez de liberar o desejo pensado sobre o modelo freudiano, trata-se de criticar a instituição psicanalítica como "familialização forçada" do desejo.

Além das costumeiras entrevistas consecutivas ao lançamento de seus livros – por exemplo, com Bernard-Henri Lévy no *Nouvel Observateur* (12 de março de 1977) –, ele dá uma palestra em 1979 no congresso da Arcadie (organização "homófila" fundada em 1954 e dissolvida em 1982) e escreve alguns textos para as revistas homossexuais *Gai Pied* (Paris) e *The Advocate* (Los Angeles).[20] Sartre e Beauvoir sempre exibiram suas vidas pessoais e Foucault manteve sempre uma enorme discrição. Sua nova

---

16. D. Macey, op. cit., p. 362 e p. 516, nota 29; D. Eribon, op. cit., p. 292.
17. Cf. Pierre Billouet, op. cit.
18. Prefácio da edição inglesa, *Dits et écrits* III, p. 135.
19. *Dits et écrits* II, p. 625 e p. 555 et seq.
20. Ibidem, p. 358. Cf. D. Eribon, op. cit., p. 336.

atitude provoca talvez uma outra recepção, que faz dele um autor *essencialmente* homossexual, que "explica" suas posições políticas e acadêmicas por seus gostos e dificuldades pessoais na sociedade normalizadora dos anos 50-75. Foucault seria um santo ou um demônio, dependendo do ponto de vista, e a *História da sexualidade* passa a fazer parte das discussões próprias às comunidades homossexuais e das reações que elas despertam nos defensores dos valores tradicionais.[21] Basta consultar os buscadores americanos da internet com "Foucault" para perceber isto. É nesse contexto que se deve situar a polêmica entre J.-P. Aron e Daniel Defert a respeito da morte de Foucault.[22]

O livro rompe com a psicanálise lacaniana, que fora saudada em *As palavras e as coisas*. A revista lacaniana *Ornicar* publica em 1977 alguns momentos de uma conversa fragmentada ocorrida "pouco tempo depois do lançamento do livro".[23] J.-A. Miller suspeita que Foucault tenha, contra Lacan, passado uma borracha sobre o corte (freudiano), o que já havia feito contra Althusser (quando havia mostrado que Marx e Ricardo vêm da mesma estrutura). A diferença entre Freud e Charcot seria mínima, pois a carne se constitui em Tertuliano:

> Não o dizes [que a psicanálise já está nos diretores de consciência], mas mesmo assim o dizes![24]

A ironia da escuta impele Foucault a dizer que antes de Freud há Eurípides, etc., e que será preciso "fazer as

---

21. Cf. D. Halperin, *Saint Foucault*, Oxford University Press, 1995; J. Miller, *The Passion of Michel Foucault*, Nova Iorque, 1993; trad. francesa, *La Passion Foucault*, Paris, 1995; cf. D. Eribon, op. cit., p. 51 et seq.
22. Cf. J. Miller, op. cit., p. 39.
23. *Dits et écrits* III, p. 206.
24. Ibidem, p. 320.

diferenças aparecerem", como em *As palavras e as coisas*[25], talvez entre a teoria das doenças do instinto, de 1840, e o instinto de morte de Lacan-Freud...[26] Em 1988, J.-A. Miller dirá que a psicanálise não tende a normalizar a sexualidade e que o ponto de apoio do contra-ataque foucaultiano era fraco, "a utopia de um corpo fora do sexo cujos prazeres múltiplos não seriam mais reunidos sob as férulas da castração".[27] E interpreta o deslocamento de estilo e de objeto da reflexão foucaultiana como decomposição da máquina arqueológica "sob o efeito do objeto que ela se deu" – contra Lacan...[28]

3) A explicação precedente nos parece desprovida da mirada *crítica* da arqueologia: o psiquiatra normaliza o louco por meio do asilo (*História da loucura*), e o psicanalista normaliza o neurótico no tratamento (*A vontade de saber*). O psicanalista constitui assim, pelo trabalho de transferência, um "eu" socialmente aceitável, "familializando" o desejo. Assim como a literatura (Sade, Nerval, Artaud, Roussel) permitiria, em 1961, manter uma expressão selvagem da loucura – e permitiria julgar a normalização a partir de baixo ou do outro lado –, assim também a droga e os bares californianos permitiriam, nos anos 70 e 80, dessexualizar o desejo.

Teríamos então a tentação de unificar o percurso de Foucault como o conflito da norma social e da resistência singular, como *insurreição* anarquista. De um lado, o *corpo dócil* do humanismo (escola, caserna, fábrica, hospital, prisão), e, do outro, as revoltas anarquistas do século XIX,

---

25. *Dits et écrits* III, p. 318.
26. Ibidem, p. 323.
27. Em *Michel Foucault philosophe*, p. 82.
28. Ibidem, p. 79.

as revoltas dos presos da década de 1970, a insubmissão de Sade e de Artaud, de Nietzsche ou de Van Gogh.

Esta interpretação poderia ser sustentada levando-se em conta que descrições emocionantes de "vidas infames" sacodem em Foucault "mais fibras do que aquilo que normalmente se chama de literatura". Há uma empatia por esses homens de pouco valor, uma "vibração" que ainda em 1977 ele experimenta, quando por acaso encontra "essas vidas ínfimas que se tornaram cinzas em algumas frases que as abateram".[29] Além desse testemunho autobiográfico, pode-se levar em conta sua interpretação da *crítica*:

> Se for preciso questionar o conhecimento em sua relação com a dominação, isto aconteceria, em primeiro lugar e antes de tudo, a partir de uma certa vontade decisória de não ser governado, essa vontade decisória, atitude ao mesmo tempo individual e coletiva de sair, como dizia Kant, de sua menoridade.[30]

Contudo, será que Foucault pode ser reduzido à repetição indefinida da "cançoneta anti-repressiva"[31] – na versão erudita da "indocilidade refletida"?

Vigiar e punir sustenta que o lirismo do bom coração, que protestava na época do Iluminismo contra a desumanidade dos suplícios, era um efeito superficial das estruturas econômicas – e não a manifestação da aspiração universal do coração humano pela justiça. O protesto de Foucault contra a situação nas prisões não será também

---

29. *Dits et écrits* III, p. 328; D. Eribon, op. cit., p. 266, vê aí "a filosofia profunda de Michel Foucault", uma "confissão" que permite compreender "o que motiva o trabalho de pesquisa e de escritura de Foucault".
30. Michel Foucault, *Qu'est-ce que la critique?*, op. cit., p. 53.
31. *Dits et écrits* III, p. 265.

um efeito superficial? *As palavras e as coisas* sustenta que a promessa revolucionária de Marx oposta ao pessimismo de Ricardo não é mais que uma das duas possibilidades arqueologicamente compreendidas[32], assim como *O nascimento da clínica* mostra que a emergência da clínica não é a manifestação do desejo humano de verdade, e como *A arqueologia do saber* suspeita de qualquer compreensão progressista da história das ciências. Em *A vontade de saber*, os poetas não testemunham mais a favor do invencível recalque da modernidade. Sade e Bataille, outrora heróis subversivos da arqueologia, mudam de sentido e são postos na conta de "uma retroversão histórica".[33] Essa opinião realiza perfeitamente a crítica do subjetivismo: inútil remeter a constituição de um discurso à experiência de um sujeito. Inútil fazer o discurso de Foucault basear-se nas experiências desse homem.

Pode-se, portanto, dizer, de um lado, que a arqueologia é um ponto de vista neutro que destrói as ilusões do humanismo; por outro, que o desejo (foucaultiano) dessa destruição não é simplesmente irônico ou acadêmico, mas provém de um protesto contra a perda da *fraternidade* na resignação humanista[34], contra a maldade constitutiva do humanismo. Poderíamos dizer que os dois rostos de Foucault são Lévi-Strauss e Sartre. Rosto *em movimento*, como um retrato de Bacon, oscilando entre estruturalismo e generosidade, entre a lucidez do professor tímido explodindo de rir e o calor amigável do camarada. O problema (de) Michel Foucault é o conflito entre a celebração "pagã" do evento selvagem, interpretado num sentido fraternal, e a lucidez estruturalista e política.

---

32. *Les mots et les choses*, p. 273 (ed. bras., p. 358-9).
33. Raymond Bellour, em *Michel Foucault philosophe*, p. 176.
34. As soberanias submissas que são a alma, a consciência, o indivíduo e a liberdade interior. *Dits et écrits* II, p. 226.

O conteúdo da *História da loucura* abre o problema que ele voltará a encontrar explicitamente em meados dos anos 70: a recusa ao encarceramento, provocada pelo crescimento do capitalismo burguês, leva naturalmente ao freudo-marxismo. Mas a forma discursiva se opõe a esse conteúdo enraizado na poesia: a arqueologia mencionada na tese de 61, a reivindicação estruturalista de 66 e a reflexão sobre o método arqueológico de 69 tornam impossível a ingenuidade anti-repressiva para a qual leva o conteúdo. Quando Michel Foucault fala em pensar de outra maneira, em ultrapassar as instituições de seu próprio espírito, não será preciso compreender que ele assim designa a impossibilidade de fixar seu discurso em um dos dois momentos antinômicos? A louca tragédia combate a instituição universitária – e a lucidez do brilhante professor combate a deriva reichiana. O debate crítico com o freudo-marxismo se torna *necessário*.

Quando ele acontece, em *A vontade de saber*, a nova problemática de governo de si pode se instalar: se *tudo é permitido*, se na pluralidade o *prazer* é, como em Hume, um critério de comportamento – *o que devo fazer?* Há muito tempo Deleuze havia encontrado Hume – contra Kant.[35] Tendo rejeitado o tema da subjetividade transcendental em *A arqueologia do saber* e começado a analisar a constituição do sujeito empírico pelo dispositivo (o carcerário, a sexualidade), Foucault terminará sua obra questionando o *dever* relativo à Lei, no sentido kantiano. Se o que "eu" devo fazer não é regulamentado pela lei, em que horizonte reside o cuidado de si no uso dos prazeres?

---

35. Cf. *Dits et écrits* II, p. 627; A. Gualandi, *Deleuze*, Paris, 1998, especialmente p. 38 et seq. e p. 61 et seq. (ed. bras., trad. Danielle Ortiz Blanchard, São Paulo, Estação Liberdade, 2003, p. 37 et seq. e p. 60 et seq.); Kant, *Critique de la raison pratique*, 1, trad. para o francês de P. Billouet, Paris, 1999 (cf. o comentário da leitura kantiana de Hume).

O que acontece com a temperança e com a intemperança? Já que a referência à lei é a invenção histórica do poder burguês que se tornou o reino moderno da norma, Foucault tentará responder à pergunta, *o que devo fazer?*, sem referência a nenhuma Lei.

Logo veremos, *dessa retirada da lei na unidade mantida de um homem*, a exigência de uma norma estética em lugar da dispersão das máscaras.

8
Prazeres, cuidado, si

Depois de ter diagnosticado o que permitiu ao homem moderno se perceber como louco, doente, vivo, falante, trabalhador, criminoso, Foucault procura "por meio de que jogos de verdade o ser humano se reconheceu como homem de desejo", por meio de que práticas "os indivíduos foram levados a dar atenção a si mesmos [...] e a se confessar sujeitos de desejo". A questão é apreender como o ser humano *problematiza* o que é, o que faz e o mundo em que vive. O projeto inicial da *História da sexualidade* foi modificado em função da unidade retrospectiva que Foucault dá, assim, ao trabalho começado com *História da loucura*.

Visto de 1984, era "uma iniciativa para tirar alguns dos elementos de uma história da verdade". Segundo seu autor, *A vontade de saber* seria um desvio em relação à unidade de uma "interrogação"[1] – que seguiria autenticamente nos dois últimos livros (1984): *O uso dos prazeres*, centrado na cultura grega, e *O cuidado de si*, sobre o mundo romano. Apresentarei primeiramente o conteúdo desses livros, antes de procurar compreender a virada de Foucault.

---

1. *Usage des plaisirs*, p. 13 (ed. bras., p. 12). Ver especialmente *Dits et écrits* IV, p. 75 e p. 632.

O *uso dos prazeres* (1984)

Esse livro destrói a oposição entre o paganismo supostamente tolerante e o ascetismo cristão. Por exemplo, em um e outro há uma recomendação de fidelidade conjugal, mas não se pode sustentar que haja uma continuidade entre as duas morais sexuais. De fato, no sentido mais amplo, toda moral comporta dois aspectos, um principalmente "voltado para o código" e outro para a ética. No primeiro, "a subjetivação se faz essencialmente numa forma quase jurídica, em que o sujeito se relaciona a uma lei"; no outro, "o elemento forte e dinâmico deve ser procurado do lado das formas de subjetivação e das práticas de si" (p. 37; ed. bras., p. 30). Na Antiguidade, tirando-se a *República* e as *Leis* de Platão, encontramos poucas referências ao princípio de um código, ao passo que a cristandade busca "uma codificação jurídico-moral dos atos, dos momentos e das intenções que tornam legítima uma atividade que por si mesma contém valores negativos" (p. 155; ed. bras., p. 125).

Os atos de Afrodite não dependem nem do cristianismo nem da psicanálise

> Nada que se pareça ao cuidado – tão característico da questão da carne ou da sexualidade – de revelar, sob o inofensivo ou o inocente, a presença insidiosa de um poder de limites incertos e máscaras incontáveis. (p. 47; ed. bras., p. 38)

Em primeiro lugar, os gregos acham indecente o ensino de relações sexuais com a esposa. Eles não regulamentam, como os cristãos, o jogo dos pedidos e das recusas, das carícias e da conclusão legítima. Sobretudo, sua questão ética não é: *que desejos? – que atos? – que prazeres?...*

e sim: *com que força se é levado pelos prazeres e pelos desejos?* No momento em que é analisada qualitativamente, essa *dinâmica* deixa à mostra a diferença entre a virilidade (penetração, atividade) e a passividade. A análise quantitativa leva em conta a intensidade que liga o desejo, o ato e o prazer, e permite a definição da temperança como moderação.

Enquanto a força excessiva do prazer provém, na doutrina cristã da carne, da queda original, para os gregos o prazer sexual não é portador do mal. Comum aos animais e aos homens, ele pode transbordar devido à sua vivacidade. Qualitativamente inferior, ele não é mau em si – pois é natural.

> Todo mundo usufrui do prazer da mesa, do vinho e do amor – mas ninguém o faz como convém.[2]

Daí uma observação metodológica sobre o anacronismo das questões do historiador, isolando nos textos a dimensão sexual da existência humana, enquanto a medicina grega e romana atribui muito mais espaço para a dietética da alimentação que para a do sexo.

Os atos de Afrodite não dependem de uma lei moral

Gozar de modo conveniente presume que se leve em conta a necessidade, o momento, o estatuto. Necessidade: é falta de temperança beber sem sede ou "servir-se de homens como se fossem mulheres". Momento: a prudência impõe que não se deixe de reconhecer os períodos da vida, as estações do ano e as horas convenientes. Em *Memorabilia*, de Xenofonte, Sócrates justifica a proibição do

---

2. Aristóteles, *Ética a Nicômaco*, VII, 14, 1154a; citado por Foucault, *Usage des plaisirs*, p. 62 (ed. bras., p. 50).

incesto, entre outras razões, devido ao contratempo de uma relação em que um dos parceiros não está mais na flor da idade. E, quanto ao estatuto, a reputação e o escândalo levam à auto-imposição de princípios rigorosos de comportamento sexual. A partir de então o universalismo cristão se opõe ao particularismo dos gregos:

> Não é universalizando a regra de sua ação que, nessa forma [grega] de moral, o indivíduo se constitui como sujeito ético. (p. 73; ed. bras., p. 59)

A fórmula de Foucault contesta claramente a reflexão kantiana, já que para esta, por um lado, a razão pura prática exige que "a máxima da tua vontade possa ao mesmo tempo valer sempre como princípio de uma legislação universal"[3], e que, por outro lado, "a consciência racional comum da moralidade"[4] desenvolva a mesma exigência. De fato, se acompanhamos Foucault, a fórmula *kantiana* da moral *universal* seria de fato apenas a formulação de *uma* atitude histórica, *cristã*, e não a lei fundamental *da* razão prática. A exigência universalista do imperativo categórico seria uma particularidade histórica, ligada a uma moral do código. O relativismo das morais (o código ou a ética) tornaria impossível a identidade absoluta do sujeito prático e do ser racional.

Para indicar a *diferença* entre o mundo do código e o mundo antigo, Foucault contesta a idéia de progresso. Do paganismo ao cristianismo não existe nenhum progresso ligado a uma interiorização, como se diz quando se faz do estoicismo a mediação entre a Antiguidade e o cristianismo.

A atitude prudente no relacionamento consigo evoluirá lentamente do paganismo ao cristianismo, mas no sentido

---

3. Kant, *Crítica da razão prática*, § 7.
4. Título da primeira seção de Kant, "Fundação da metafísica dos costumes".

de uma reestruturação da *atitude* – e não de uma interiorização da *regra*. Aristóteles distingue a prudência (*sophrosuné*), virtude geral da conduta conveniente, do domínio atuante de si (*enkrateia*), que é uma atitude "polêmica" consigo mesmo. Foucault quer mostrar que, de Platão a Sêneca, esta cede lugar àquela, mas jamais se trata de lutar contra o Outro, como seria o caso no ensinamento cristão da carne.

> O adversário a combater, por mais distanciado que esteja, por sua natureza, do que pode ser a alma, ou a razão, ou a virtude, não representa um outro poder, ontologicamente estranho. (p. 79; ed. bras., p. 64)

A análise da temperança na *República* de Platão permitiria confirmar essa unidade ontológica: a expressão paradoxal "domínio de si" pode se sustentar "pelo fato de pressupor a distinção entre duas partes da alma, uma que é melhor e a outra que é menos boa" (p. 80; ed. bras., p. 65). Assim Sócrates, resistindo à sedução de Alcibíades, não é purificado de todo o desejo com relação aos jovens – pelo que serão censurados pelos cristãos, que não visam à submissão, mas à renúncia. Para a concepção grega da temperança, "o melhor é dominar os prazeres, sem se deixar vencer por eles – não é deixar de recorrer a eles" (Aristipo).

Essa estrutura "heautocrática" (p. 82; ed. bras., p. 66) caracteriza tão bem a cidade quanto o indivíduo. Quando falta a estrutura de poder (a *arché*) que permite dominar (*kratein*) as potências inferiores, o homem é intemperante. O exercício (*askesis*) ético é ao mesmo tempo individual e político. A ascética grega não é um conjunto de práticas que representem uma arte específica da alma, distinto do próprio *exercício* da virtude e da arte *política*. É a fim de ser livre – como a cidade é independente – que o cidadão domina seus prazeres; essa *soberania*, esse "poder que se exerce sobre si mesmo dentro do poder que se exerce sobre os outros" é *deontológico*: a questão é não cair na "escravidão de si para consigo" (p. 92-3; ed. bras., p. 74-5), que atrai e provoca a autoridade tirânica. "O homem mais real é rei de si mesmo", não é a jovem virgem fiel a seus votos do mundo cristão. "Nessa moral de homens feita para os homens, a elaboração de si como sujeito moral consiste em instaurar de si mesmo para consigo uma estrutura de virilidade" – *a temperança é, no sentido pleno, uma virtude de homens.*

Aristóteles contesta a identidade platônica da virtude entre os homens e mulheres, mas não descreve "virtudes femininas que seriam estritamente femininas; as que ele reconhece nas mulheres se definem em referência a uma virtude essencial que encontra sua forma plena e acabada no homem".[5] E a intemperança decorre de uma passividade feminina; o efeminado grego não é o homossexual passivo, mas o que se entrega aos prazeres. O amor de Alcibíades pelas mulheres ou pelos homens é excessivo.

Para praticar esse domínio de si é preciso "o reconhecimento ontológico de si por si" (p. 101; ed. bras., p. 81). O desejo dominado, o *verdadeiro* amor, baseia-se na visão verdadeira da substância da alma. A hermenêutica cristã ou freudiana do desejo "obriga o sujeito a dizer a verdade sobre si mesmo" – obrigação da confissão purificadora do detalhamento de suas perturbações num sujeito diante da Lei ou por ela. Ao contrário, a relação com a verdade aqui é condição da conduta temperante *de um sujeito instaurado pela mesma.* Foucault opõe a hermenêutica do desejo, própria à "conformidade a um código", e a "estética da existência" (p. 103; ed. bras., p. 82), em que

---

5. *Usage des plaisirs*, p. 97 (ed. bras., p. 78). Mas em Platão a temperança diz respeito à cidade inteira, homens e mulheres, dirigentes e dirigidos.

a bela individualidade ética se realiza no seio da *Callipolis* "como sujeito moral na plástica de uma conduta medida com exatidão, bem visível para todos e digna de uma longa memória" (p. 105; ed. bras., p. 84).

O cuidado com o corpo pressupõe uma alma esclarecida que se governa com medida. Não é uma questão de aplicar "regras universais e necessárias" (p. 212; ed. bras., p. 171), ou passiva e servilmente seguir as receitas de um médico, mas de viver livremente. Como o explica o ateniense das *Leis*, a legislação sobre o casamento se dirige a cidadãos livres, capazes de aceitar "com simpatia e docilidade as recomendações que devem regrar sua atividade sexual".[6] A medicina grega não codifica a própria forma dos atos (posição natural, práticas interditas) nem determina as quantidades e os ritmos. Ela dá indicações gerais que permitem um prudente governo de si. A pastoral cristã, ao levar em conta o ano litúrgico, os ciclos menstruais, os períodos de gravidez e de *post partum*, fixa – "uniformemente e para todos – os 'dias úteis' para o prazer sexual". Isso não é considerado pelos gregos, mas, antes, é preciso "calcular da melhor maneira os momentos oportunos e as freqüências convenientes" (p. 132; ed. bras., p. 106). Por outro lado, o cuidado com a prole leva a uma vigilância na escolha e na idade dos esposos, nos momentos e nas condições favoráveis à procriação: o inverno, não em estado de embriaguez, e pensando no que fazem...

Portanto, não se trata de *justificar* o ato sexual, como no cristianismo. Trata-se de *afastar* os riscos que ameaçam seu propósito natural e cívico. O ato sexual ameaça o domínio de si e a força do homem, e, assegurando a sobrevida da espécie, assinala a mortalidade do indivíduo.

---

6. Ibidem, p. 153 (ed. bras., p. 123). Em 1975, Foucault não teria aproximado *docilidade* e *liberdade*.

Fidelidade?

Aristóteles considera desonroso para um marido ter relações sexuais com outra mulher que não sua esposa (e vice-versa). É-se tentado, por ilusão retrospectiva, a contrapor o filósofo à mentalidade grega e ver no que ele diz uma antecipação – "excepcional, tendo em vista os costumes da época" – da moral cristã...

Ainda que possa haver ciúme sexual em uma esposa "enganada" (p. 164; ed. bras., p. 133), ainda que o marido deva cumprir seus deveres conjugais, os gregos não possuem a categoria cristã de *fidelidade recíproca* – a esposa deve ser fiel porque está sob o poder do marido, enquanto este o é porque deve dar prova de domínio sobre si mesmo na prática do poder que exerce sobre sua mulher. A fidelidade masculina não tem de responder à sempre suposta fidelidade da mulher, mas o homem deve respeitar "a senhora obediente da casa" (p. 183; ed. bras., p. 148). Ao afirmar que "temos as cortesãs para o prazer; as concubinas para as atenções de todos os dias; as esposas para termos uma descendência legítima e uma fiel guardiã do lar" (p. 159; ed. bras., p. 129), Demóstenes não reparte, e sim hierarquiza os três papéis: as cortesãs podem dar apenas o prazer, as concubinas podem dar o prazer e as satisfações do cotidiano, as esposas também podem dar filhos legítimos.

A esposa é senhora dos escravos, assegurada da beleza plástica pelo exercício da direção doméstica, pelo andar e pela postura correta que esta implica, que respondem ao vigor que dá ao proprietário a valorização de suas terras. O exercício da arte da economia se divide assim segundo o *nomos*, prescrevendo naturalmente aos homens e às mulheres lugares diferentes, mas "educando" o ecônomo na medida em que a questão é governar a si mesmo para governar os outros. As relações entre os esposos não se baseiam na relação simples de um casal que se ocupa de uma casa e de uma família. Xenofonte[7] trata indiretamente da relação matrimonial "no contexto do *oikos*" (p. 172; ed. bras., p. 139), em relação à permanência e ao crescimento da *casa*. Ao homem o controle de fazer entrarem os bens, à mulher o arranjo e a despesa:

> O comportamento sexual dos dois esposos não era questionado no pensamento grego clássico a partir de sua relação pessoal. O que acontecia entre eles tinha importância a partir do momento em que se tratasse de ter filhos. Para o resto, sua vida sexual em comum não era objeto de reflexão e de prescrição. (p. 203; ed. bras., p. 163)

Não se deve, portanto, projetar nos gregos o princípio de fidelidade sexual *recíproca*. O esquecimento da *problematização* da conduta é prejudicial à compreensão. A moderação do marido deriva de uma "regulação política" (p. 185; ed. bras., p. 150). Não é conseqüência de um envolvimento pessoal com outra pessoa. O Pseudo-Aristóteles evoca a questão do comportamento sexual segundo o elo *político* da relação aristocrática: desigualdade definitiva de seres livres baseada em uma diferença de natureza. A moderação do marido deriva de uma ética do poder que se reflete como uma das formas da justiça. Em Plutarco, ao contrário, os prazeres recíprocos ganham importância "pela afeição mútua dos esposos", e, para os cristãos, "cada esposo deverá responder pela castidade do outro", não o solicitando nem o recusando demais. A relação sexual será problematizada como elemento decisivo da relação conjugal pessoal.

---

7. Xenofonte (426-354 a.C.), filósofo (discípulo de Sócrates) e historiador.

Os rapazes

A erótica na Grécia é uma *relação problemática* no que diz respeito aos rapazes. Entre as relações homossexuais possíveis, não requer uma estilística própria senão a relação entre o adulto social, moral e sexualmente ativo (o *eraste*), e o rapaz em formação (o *eromene*). Quanto aos outros comportamentos sexuais, matrimoniais ou amigáveis, não há nenhuma preocupação em fixar regras, enquanto na relação com os rapazes – em que o jogo é aberto, em que é preciso espreitar, vigiar e perseguir o amado na rua, na caça, no ginásio, onde ele pode sempre recusar – a ética dos prazeres terá de criar "estratégias delicadas que devem levar em conta a liberdade do outro" e respeitar o tempo da adolescência e seus limites. É preciso evitar que a graça de uma virilidade em formação não caia na languidez, e deve-se permitir a transformação do elo amoroso em *philia*.

A honra dos rapazes é na Grécia antiga um objeto de preocupação moral ao mesmo tempo pessoal e comum, análoga ao que se tornará na cristandade o *ponto de honra* da jovem e da esposa. Contudo, essa importante questão moral e social não diz respeito ao estatuto matrimonial futuro do rapaz, mas ao seu lugar na sociedade. Se o rapaz tem a dupla sorte de ser belo e amado, é bom que se sirva disso *da maneira certa*: nem "a rejeição sistemática dos pretendentes" (p. 229; ed. bras., p. 184) nem a aceitação fácil do primeiro que aparece ou do que mais oferece. Trata-se de "garantir seu domínio, não cedendo aos outros" (p. 234; ed. bras., p. 188), sem por isso fugir da *philia* em formação: a filosofia é uma exigência, com referência aos temas socráticos do cuidado de si, do elo do saber e do exercício. A singularidade histórica grega é, portanto, a *pederastia*, ou seja, a elaboração em torno do gosto pelos rapazes, de "uma prática de corte, de uma reflexão moral e de um ascetismo filosófico" (p. 236; ed. bras., p. 189).

Sendo a relação sexual pensada sempre em termos da oposição atividade-passividade (superior e inferior, dominante e dominado, penetrante e penetrado, vencedor e vencido), não há problema quando se trata de gozar com uma mulher ou um escravo. Mas é claro que o rapaz *não* pode se tornar cidadão por inteiro *a não ser que* não se tenha prostituído. Segundo Aristóteles, a relação paternal do pai com o filho é antes real do que aristocrática (como a do esposo com a esposa), porque aí a desigualdade não é permanente; da mesma maneira, a relação do *eraste* com o *eromene* deve preservar o futuro estatuto de homem livre do rapaz.

Já que os gregos aceitam a pederastia, eles devem pensar "o que se poderia chamar de 'antinomia do rapaz'" (p. 243; ed. bras., p. 194): por um lado, ser sujeito de prazer com um rapaz não é nenhum problema; por outro lado, ser ou ter sido um rapaz objeto de prazer, ou seja, dominado, não permitiria ocupar legitimamente o lugar do dominante na atividade ética e política. Se é natural que o desejo se volte para a beleza (a virilidade em formação), é contra a natureza que o rapaz se feminize. De onde uma reticência em ser conveniente que ele possa experimentar o prazer: um rapaz, diz o Sócrates de Xenofonte, "não participa como uma mulher das volúpias amorosas de um homem, mas permanece o espectador em jejum de seu ardor sensual" (p. 245; ed. bras., p. 196). Portanto, ele não cede *para compartilhar* uma sensação, mas *para dar prazer*: dando "por algo que não seu próprio prazer", ele deve poder tirar dali algum benefício – vergonhoso, se for apenas dinheiro, digno, se dali provierem o aprendizado, as relações e a amizade.

> O amor pelos rapazes só pode ser moralmente digno se comportar [...] os elementos que constituem os fundamentos de uma transformação desse amor em uma ligação

definitiva e socialmente valiosa, a da *philia*. (p. 247; ed. bras., p. 198)

O *verdadeiro amor*

Sabemos que Platão produziu uma importante filosofia do amor em *Fedro* e em *O banquete*, e que ele marcou profundamente o pensamento greco-latino. Do neoplatonismo a Agostinho e ao Renascimento, não faltam leitores de Platão... A doutrina platônica se enraíza profundamente nos temas habituais da ética dos prazeres e *abre* questões que permitem a transformação da ética em uma moral da renúncia e uma hermenêutica do desejo. Segundo Foucault, o *Fedro* e *O banquete* indicam a passagem de uma erótica de "corte" a uma ascese erótica do sujeito. Isto presume quatro *passagens*:

– *passagem* da deontologia à ontologia. Ao passo que a reflexão grega se refere ao *comportamento* de corte, o que Sócrates interroga é a natureza e a origem do amor. De onde o deslocamento do sentido do elogio em *O banquete*: para Sócrates, não se trata mais, como para os outros oradores, de louvar o amor, mas de conhecê-lo;

– *passagem* "da questão da honra do rapaz para a do amor pela verdade"; o que é próprio para Platão não é a "exclusão do corpo", encontrada antes em Xenofonte, "mas a maneira como ele estabelece a inferioridade do amor pelos corpos", que não está mais fundamentado deontologicamente na dignidade do objeto (o respeito pelo rapaz), mas "naquilo que, no próprio amante, determina o ser e a forma de seu amor";

– *passagem* "da questão da dissimetria dos parceiros à da convergência do amor"; o Eros provém tradicionalmente do *eraste*, e se exige do *eromene* apenas "uma ligação de volta, um *Anteros*" (p. 263; ed. bras., p. 209); ao contrário, Platão analisaria o amor – ironicamente, no discurso de Aristófanes[8], seriamente no de Sócrates – como o movimento que leva os dois amantes em direção ao verdadeiro:[9] assim como, segundo o Aristófanes de *O banquete*, o mito da metade perdida desarruma "a dissimetria de idade, de sentimento, de comportamento entre o amante e o amado" (p. 255; ed. bras., p. 204), para o Sócrates do *Fedro* e de *O banquete* convém que o amado "se torne realmente sujeito" na relação amorosa;

– *passagem* "da virtude do rapaz amado ao amor do mestre e da sabedoria": o elogio de Sócrates por Alcibíades no final de *O banquete* indica um retorno da circulação tradicional do Eros. O rapaz já não é cortejado pelo adulto – os jovens que rodeiam Sócrates "estão na posição de *erastes* e ele, o velho de corpo desgracioso, está na posição de *eromene*" (p. 265; ed. bras., p. 211). Nesse retorno o comedimento do *eromene* é levado ao infinito, como aprende o belo Alcibíades a suas próprias custas: Sócrates, pelo domínio que exerce em si e sobre si a verdade, resiste à sedução. Ele está qualificado a levar o amor dos jovens até a verdade.

A passagem dos cinco primeiros discursos de *O banquete* para o discurso de Sócrates, ou a passagem do Sócrates velado ao Sócrates autêntico no *Fedro* seriam uma tomada de "distância[10] em relação ao que habitualmente se diz nos discursos sobre o amor" (p. 253; ed. bras., p. 202): uma *passagem* da deontologia, característica do uso grego dos prazeres, para a *ontologia*.

---

8. *Usage des plaisirs*, p. 254 (ed. bras., p. 203). Segundo L. Robin, a diferença entre o panegírico de Aristófanes e o elogio metódico (Agathon e Sócrates) não é ironia/seriedade (cf. a Nota de sua tradução do *Banquete*, Belles Lettres, Paris, 1976, p. XXXI).
9. *Usage des plaisirs*, p. 264 (ed. bras., p. 210-1). Mas para Sócrates o amor não é, como para Aristófanes, estéril em si (cf. 191 c/209 a) e limitado (205 e).
10. Ibidem, p. 256 (ed. bras., p. 205). Mas a diferença entre Sócrates e Aristófanes não é ironia/seriedade?

Conclusão: *a estética da existência*

> Trata-se, nessa *techné* [grega] da possibilidade de se constituir como sujeito senhor de sua conduta [...] de se transformar no hábil e prudente guia de si mesmo. (p. 156; ed. bras., p. 125)

Foucault conclui duas coisas: por um lado, a exigência grega de austeridade não é a forma especial que tomaria "a função intemporal do interdito ou a forma permanente da lei", mas "uma estética da existência" (p. 103; ed. bras., p. 82). Foucault opõe duas ligações com a verdade: na cultura grega, é ser verdadeiramente um sujeito temperante; na cultura cristã, na psicanálise e nas outras formas de confissão, o sujeito deve dizer a verdade sobre si mesmo. Além disso, a "história da 'ética' deve ser entendida como a elaboração de uma forma de ligação consigo que permite ao indivíduo constituir-se como sujeito de um comportamento moral".

Como a lei não é o elemento intemporal em que se fundamenta a subjetivação, a história da *relação* do sujeito *consigo* é "mais decisiva que a dos códigos" (p. 275; ed. bras., p. 219).

Essa ligação consigo, na linha do pensamento heideggeriano, é cuidado com o *seu* tempo. O essencial da ética grega, como a restitui Michel Foucault, é a elaboração do tempo no uso *oportuno* dos prazeres (Dietética) e na manutenção da estrutura hierárquica de toda a gente da casa (Econômica). Na Erótica, o elemento principal é a "experiência de um tempo fugidio" (p. 276; ed. bras., p. 219).

Que o homem tenha cuidado de si, entendido no sentido da futuridade *singular* sem referência a uma Lei, Heidegger o dissera através de alguns domínios particulares em *Ser e tempo*, e em geral em sua leitura (contestável, a meu ver) de *Kant* e o problema da metafísica, em que sustentava o primado da imaginação produtora do tempo sobre o entendimento. Foucault sugere isso na conclusão de *O uso dos prazeres*.

Compreende-se o título do livro seguinte: *O cuidado de si*.

9
O cuidado de si (1984)

Os dois primeiros séculos do período imperial são "uma era de ouro da cultura de si" (p. 59; ed. bras., p. 50). Não se procura elaborar "uma legislação constrangedora", uma restrição do código, mas "uma intensificação da ligação consigo pela qual a pessoa se constitui como sujeito de seus atos" (p. 58; ed. bras., p. 46). Segundo Foucault, esse tema da *subjetivação* tanto está nos platônicos e nos epicuristas quanto em Plínio. Todavia, o estoicismo insiste: Sêneca pede que a pessoa se torne "disponível" para se formar, Marco Aurélio, que não se "vagabundeie mais", e em Epicteto "se assinala a mais elevada elaboração filosófica desse tema", na compreensão ontológica da razão.[1] O homem deve cuidar de si mesmo, não como conseqüência de uma falta, "mas porque o deus resolveu de tal forma que ele possa fazer livremente uso de si mesmo; é para este fim que o dotou de razão". Essa faculdade capaz de "se tomar a si mesma e também a todo o resto como objeto de estudo" nos dota do "privilégio-dever" do cuidado de si:

> É na medida em que é livre e racional – e livre para ser racional – que o homem é na natureza o ser que foi encarregado do cuidado de si. (p. 66; ed. bras., p. 53)

---

1. *Le souci de soi*, p. 61 (ed. bras., p. 52).

Conseqüentemente, a direção de consciência é uma educação permanente dos adultos – da qual Luciano caçoa.[2] Notaremos que essa decisão do homem *livre para ser racional*, decisão a favor ou contra a razão, pressupõe a distinção entre a vontade e a razão: é exatamente o conceito "psicológico" da liberdade, comum a Descartes e Foucault em *História da loucura*.[3]

Nova subjetividade: conhece-te a ti mesmo!

O cuidado de si exige tempo: exame matinal e vespertino, retiros durante a vida, afastamento no meio (ou no final) da carreira. Esse tempo visa ao corpo e à alma, em uma prática social que toma formas diversas: escola filosófica, consulta em particular ou conselhos de amigos, correspondência, confidências da vida comum. Essa prática filosófica está em correlação com a prática médica, já que nos dois casos a questão é tratar o *páthos*, o *affectus* – a perturbação física, o movimento involuntário da alma. O antintelectualismo de Epicteto deve ser compreendido com relação a esse primado do *cuidado*: "é tanto um gabinete médico quanto a escola de um filósofo; quando saímos, não devemos ter gozado, mas sofrido". Não é uma questão de resolver o Argumento Dominador dos filósofos gregos, mas de curar.[4] O cuidado do corpo não é mais

---

2. Plínio, o Velho (23-79), naturalista, historiador e teólogo; Sêneca (1?-65), estadista, preceptor de Nero, trágico e filósofo; Marco Aurélio (121-180), imperador letrado... e filósofo. Epicteto (c. 50-130), escravo liberto, filósofo, deixou um ensinamento oral recolhido pelo historiador e homem da política Flavio Arriano. Luciano (c. 120-180), sofista, romancista e escritor político.
3. Cf. p. 29 e p. 41.
4. A aporia do filósofo megárico Diodoro Cronos (morto em 296 a.C.), o "Argumento Dominador", é discutida pela maioria dos filósofos antigos. Cf. J. Vuillemin, *Necessité ou contingence*, Paris, 1984, e a revista *Philosophie*, nº 55, Paris, 1997.

o do jovem grego cujo treinamento é parte da formação do homem livre, mas o cuidado que requer um corpo frágil, que ameaça a alma com suas pequenas misérias. *O tema délfico do conhecimento de si muda de sentido.* Para Sócrates, era exortar os concidadãos à virtude e atraí-los para a lucidez teórica. Para Platão, era possuir não apenas esta lucidez, mas o saber ontológico que ela permite. Agora é uma arte do conhecimento, com as célebres provas estóicas, os exercícios de abstinências e pobreza fictícia, que permitiam aos epicuristas encontrar o limiar mínimo do prazer, e aos estóicos preparar-se para os golpes da sorte, levando uma vida social exteriormente conveniente, sem cair na luxúria. "Ricos, sentir-nos-emos mais tranqüilos no momento em que soubermos como é penoso ser pobre." Contudo, o conhecimento de si também passa pelo exame de consciência que descreve Sêneca[5], e cujo objetivo não é nem descobrir sua própria culpabilidade nem cultivar o remorso, mas garantir um comportamento correto a partir de uma crítica dos erros. Tudo isso permite compreender corretamente o exame de suas representações: não é buscar um sentido oculto, mas "avaliar a relação entre si mesmo e o que é representado, para não aceitar na relação consigo senão o que pode depender da escolha livre e racional do sujeito" (p. 89; ed. bras., p. 69). A questão é, portanto, tornar-se o senhor de si mesmo, num sentido que não depende mais tanto da vitória militar sobre forças difíceis de vencer do que da posse jurídica: "não se depende senão de si mesmo, estamos *sui juris*", cada um detém o poder sobre si. *Constitui-se então uma nova subjetividade*, diferente da grandeza de uma alma que domou suas forças: a experiência de um prazer que se toma para si mesmo – "gozo sem desejo e sem

---

5. *De ira* [*Sobre a cólera*] III.36; mencionado em *Le souci de soi*, p. 77 (ed. bras., p. 66).

problemas" (p. 94; ed. bras., p. 72) – que não se deve confundir com a *voluptuosidade*, cuja busca os estóicos recriminam nos epicuristas.

> Não apenas contenta-se com o que se é e aceita-se limitar-se a isto, mas compraz-se consigo mesmo. (p. 91; ed. bras., p. 70-1)

Esta nova subjetividade seria portanto distinta da pertinência cívica dos gregos que o *Criton* de Platão apresenta, e distinta da compreensão ontológica da alma, que apresenta a *República* de Platão ou o *Hino a Zeus* de Cleanto.[6] Ela basear-se-ia no conceito de sujeito livre, no sentido psicológico da escolha (esclarecida) – exatamente o conceito fundamental da *História da loucura*...

Estilística da existência

O casamento deixa de depender exclusivamente da autoridade familiar e depende, em parte, do Estado. Antigamente o pai podia dissolver o casamento de sua filha contra a vontade dela, mas "no Egito romano, sob a lei egípcia, a autoridade do pai sobre uma filha casada era contestada por decisões judiciais que supunham que a vontade da mulher era um fator determinante". A institucionalização do casamento por consentimento mútuo é uma "idéia nova". O casal composto pelo senhor e a senhora da casa é agora um novo *estado*, com deveres próprios irredutíveis aos deveres com a família e com a cidade.

> O casamento passaria a ser mais geral como prática, mais público como instituição, mais privado como modo de

---

6. Cleanto de Assos (c. 331-232 a.C.), sucessor de Zenon de Cítia à frente da escola estóica.

existência, mais forte para ligar os cônjuges e, portanto, mais eficaz para isolar o casal no terreno das outras relações sociais. (p. 106; ed. bras., p. 84)

A essa redefinição da subjetividade matrimonial junta-se uma reconfiguração do cidadão. Foucault contesta a análise comum que relaciona a organização das monarquias helênicas, e em seguida as do Império Romano, e a espécie de "evasão" (p. 111-2; ed. bras., p. 88-9) que se encontraria na filosofia epicurista e na estóica. Por um lado, a emergência do Império não faz desaparecer a política local:

> A angústia diante de um universo vasto demais que teria perdido suas comunidades políticas constituintes bem poderia ser um sentimento que se teria tomado emprestado retrospectivamente dos homens do mundo greco-romano.

Por outro lado, "o fenômeno mais importante e o mais determinante para as novas acentuações da reflexão moral diz respeito à 'modificação' nas condições de exercício do poder". A administração romana precisa de uma aristocracia de serviço (funcionários, procuradores e governadores) cujos membros enfatizem a busca do *estatuto* visível e, inversamente, procurem fixar sua identidade no puro relacionamento consigo. Daí vem uma problematização da atividade política: o poder exercido é relativo, é uma *procuratio* e não um *imperium*. No *Tratado ao príncipe sem experiência* de Plutarco e nas *Meditações* de Marco Aurélio lê-se uma rejeição do cesarismo: o estatuto deu um poder sem fixar as regras e os limites de seu exercício. O *logos* é a lei não escrita que deve governar o governante e provocar a temperança em todos os domínios da vida, "quer se trate da alimentação, das vestimentas, do dormir, dos jovens".

O exercício do poder se desprende do estatuto para aparecer como uma função que não está definida segundo leis próprias para governar os outros. Não é o modelo administrativo que às vezes se empresta injustamente ao mundo romano, no qual cada funcionário obediente aplicaria mecanicamente os textos: a função a preencher deve ser exercida a partir do "recesso do indivíduo em si mesmo", ou seja, da relação ética de si para si – e o destino depende de uma conjuntura instável entre o populacho, o príncipe e o senado, "de sua moralidade cada um é o artesão; os empregos é a sorte que distribui". De onde uma cultura do domínio de si estóico dissociado do domínio dos outros.

Quanto ao corpo, se a medicina "na época dos flavianos e dos antoninos" podia despertar alguma reserva (o médico pretendia dirigir toda a existência do cliente da mesma forma que a direção da alma exercida pelos filósofos, pois "a salvação e a saúde" pressupõem um bom regime de vida), o período não rompe com a era clássica, mas enquadra um pouco mais a vida. "Intensificação, muito mais do que mudança radical; aumento da inquietude, e não desqualificação do corpo..." A "patologização" do ato sexual funciona segundo o duplo sentido do *páthos*:

> O ato sexual não é um mal; ele manifesta uma morada permanente de males possíveis. (p. 167; ed. bras., p. 144)

Esta atenção a si visa conformar-se "o mais exatamente" à sua natureza (p. 192; ed. bras., p. 145). Portanto, os atos sexuais devem estar submetidos a um *regime* "de precaução", levando em conta o momento útil para a procriação (alma tranqüila, almoço leve, próximo ao fim das regras), a idade do sujeito (mais por volta dos 18 anos do que na puberdade), o momento favorável (à noite, no inverno ou na primavera) e os temperamentos individuais. Um *regime* é "um conselho útil" e não uma prescrição legal. Os médicos e os naturalistas consideram, segundo uma inspiração estóica ou aristotélica, que o corpo faz sua própria "lei" (p. 157; ed. bras., p. 136), e que a alma "corre o risco de arrastar o corpo além de sua mecânica própria e de suas necessidades elementares". Portanto, não é uma questão de "eliminar o desejo" em uma luta da alma contra o corpo, mas de regrar a opinião que arrisca induzir a um excesso, por intermédio das *imagens* (do sonho, do teatro ou da vida) e pela cultura do prazer. O procedimento apresentado por Galeno "é claramente estóico: considerar que o prazer não é nada mais do que o acompanhamento do ato e que ele jamais deve ser tomado como razão para realizá-lo".[7]

Da matrimonialidade à conjugalidade

Na era clássica, a ética do comportamento matrimonial estava baseada no necessário domínio de si e nas relações domésticas induzidas pela gente da casa. Em Roma aparece uma "estilística do vínculo individual" (p. 174-5; ed. bras., p. 150), em que "a intensificação do cuidado de si vai de par com a valorização do outro". A relação entre esposos passa da *forma matrimonial* para a *ligação conjugal*. Esta é uma relação *natural* e *universal*, que os estóicos opõem às teses dos epicuristas e dos cínicos. A mesma tendência leva o corpo e a alma para a conjugalidade. O casamento não é "uma simples preferência" calculada em função de vantagens e dos inconvenientes, é "um dever" universal "para todo ser humano que deseja viver em conformidade com a natureza".[8] O argumento de Epicteto

---

7. *Le souci de soi*, p. 163-4 (ed. bras., p. 142). Mas Foucault não leva em conta o que o médico Galeno (129-199) diz, como o filósofo Aristóteles, que o prazer é *bom* – para os estóicos, ele é *indiferente* (e preferível).
8. Ibidem, p. 182 (ed. bras., p. 156-7). Todavia, Foucault cita Hiérocles (século V d.C.), que deixa o casamento *preferível*, enquanto Epicteto faz dele antes uma *virtude*, igual à virtude cívica e à religiosa, e à virtude

tem a forma do imperativo categórico kantiano: "a impossibilidade de universalizar a renúncia ao casamento".[9] E a conjugalidade é uma relação *singular*: enquanto Aristóteles privilegia os laços de sangue, "pai nenhum, mãe nenhuma", escreve Musonius[10], "terá maior amizade por seu filho do que pelo cônjuge". A conjugalidade desperta "uma arte de viver junto e uma arte de falar", a *concordia*, cujo paradoxo é ter de considerar o outro ao mesmo tempo como outro e como o mesmo que si.

Tendo Clemente de Alexandria utilizado um trecho de Musonius em que a relação extraconjugal (adúltera ou não) é considerada uma nódoa[11] – enquanto Marco Aurélio ou Epicteto não condenavam essa relação *como tal* –, poderíamos nos sentir tentados a fazer dessa "conjugalização integral da atividade sexual" uma antecipação da doutrina cristã da reabilitação, pelo casamento, do prazer sexual entendido como erro. E isto seria um contra-senso:

> Ato sexual, laço conjugal, progenitura, família, cidade e, além até, comunidade humana – tudo isso constitui uma série cujos elementos estão ligados e em que a existência do homem encontra sua forma racional.

A condenação de Musonius Rufus, portanto, não tem de forma alguma o mesmo sentido que a de Paulo de Tarso,

---

propriamente dita ("Desejar e evitar, querer e recusar como é preciso para cada um de nós, ou seja, conforme a nossa natureza." *Conversas* III, 7, 26).

9. Ibidem, p. 182 (ed. bras., p. 157). Já que, segundo Foucault, Epicteto não pertence ao cristianismo, não há, portanto, relação entre a exigência de universalização e a doutrina da carne, que o cristianismo irá pregar em conjunto. Sendo o prazer neutro, o "núcleo de todas as leis" (Kant, *Crítica da razão prática*, V 83) não é a pureza no sentido da doutrina da carne.

10. Caius Musonius Rufus (c. 28-78), filósofo próximo de Epicteto.

11. O gnóstico cristão Clemente de Alexandria escreve no *Pedagogo*, destinado aos recém-convertidos: "À maneira dos porcos, sentimos prazer com nossa própria sujeira" (citado em *Le souci de soi*, p. 199; ed. bras., p. 171).

pois ela é recusa da abstração que separa o ato de seu lugar natural de exercício e não recusa – tanto quanto possível[12] – do próprio ato.

Podemos até resgatar dois princípios do prazer no casamento. Por um lado, a paixão amorosa e as voluptuosidades físicas, cuja presença no casamento é natural, não devem degenerar em luxúria (essa prescrição do respeito e da delicadeza que se pode esperar de um homem bem educado subsistirá por muito tempo na tradição cristã). Por outro lado, a obrigação de abrir sua alma para a esposa e não levar em conta apenas sua classe e seu estatuto – mas "sua dignidade pessoal" (p. 210; ed. bras., p. 180) – dá o sentido do erotismo. Afrodite, diz Plutarco, "é o artesão que cria a concórdia e a amizade entre homens e mulheres, pois através de seus corpos e sob o efeito do prazer, ela une e funde ao mesmo tempo as almas" (p. 213; ed. bras., p. 183). Em seu *Diálogo*, Plutarco retoma a idéia desenvolvida em *A vida de Sólon*[13], segundo a qual o dever conjugal do marido "pelo menos três vezes por mês, [...] mesmo que daí não resultem filhos, é uma homenagem prestada a uma mulher honesta".

> Sólon queria que o casamento fosse de alguma forma renovado, reanimado pelo efeito dessa marca de ternura, apesar de todas as queixas mútuas que podem se acumular na vida comum de todo dia. (p. 239-40; ed. bras., p. 206)

Nessa estilística da existência, o tema do amor pelos rapazes está em "declínio crescente" em benefício de uma espécie de conjugalidade. Em Plutarco, a oposição platônica

---

12. Cf. I *Coríntios*, 7, 9, e 7, 38.
13. Sólon (c. 640-c. 558 a.C.), um dos sete sábios da Grécia, pai da antiga constituição ateniense.

entre o Eros masculino, nobre, e o Eros fácil, cede lugar à escolha "entre as duas formas de um mesmo amor, com essa única diferença de que em um caso é o amor por um homem, em outro o por uma mulher". Em *Os amores* de Pseudo-Luciano, o adepto dos rapazes faz desaparecer em uma "reversibilidade total" a diferença entre o *eraste* e o *eromene*. O elo espiritual não se refere mais à relação pedagógica, mas "parece marcar o cuidado de sujeitar o amor masculino ao modelo da vida a dois tal como descrito e prescrito pelo casamento". Enquanto a abstinência pederasta dependia da "dominação política e viril dos desejos", a nova Erótica agora organiza a virgindade relativamente à reciprocidade e à simetria dos seres humanos destinados à união completa.

O princípio de um monopólio da sexualidade no casamento visando antes à procriação do que ao prazer não tem o mesmo sentido na Grécia, para o estoicismo tardio e para o pensamento cristão. Entre os estóicos, a ligação entre o casamento e as *aphrodisia* não se estabelece defendendo o primado dos objetivos sociais e políticos (como em Platão), nem postulando um mal original e intrínseco aos prazeres (como entre os cristãos), mas unindo-os entre si por uma pertinência de natureza, de razão e de essência. Nem utilidade externa nem negatividade interna, o casamento se caracteriza por "uma adequação tão perfeita quanto possível da relação consigo". Essa relação não é nem o domínio grego sobre seus desejos, nem o cuidado cristão com sua salvação que levará a uma "juridificação" das relações conjugais. Mesmo nos textos detalhados de Plutarco, "esta não é uma regulamentação proposta para demarcar o permitido e o proibido; é uma maneira de ser, um estilo de relação". Estes são princípios gerais, "a universalidade sem lei de uma estética da existência" reservada à elite (p. 215; ed. bras., p. 185). Essa expressão kantiana caracteriza o julgamento de gosto, cuja universalidade visada não pode ser determinada a partir de uma lei.[14] Foucault sugere que em Plutarco e no estoicismo imperial o critério *estético seria essencial em moral*. Quando, pelo contrário, o sujeito prático esteja, como no Kant da *Crítica da razão prática*, diante da universalidade da lei proveniente da razão, ele estaria originariamente, como na experiência da beleza – analisada na *Crítica da faculdade do juízo* –, diante da singularidade. Jean-François Lyotard tentava *jogar* a análise do sublime[15], nessa terceira *Crítica*, contra a autonomia da segunda. Michel Foucault *joga* a análise do belo contra a autonomia. A tática é diferente, mas a estratégia é a mesma: dar um estatuto essencialmente *estético* ao sujeito *ético*.

Permanência da crítica foucaultiana

Nos primeiros séculos de nossa era, a questão do mal começa a trabalhar o tema antigo da força, a questão da lei começa a infletir o tema da arte, a questão da verdade está no âmago da constituição do sujeito moral. Mas não se passou ainda à exigência de um comportamento legal nem à identificação cristã do sexo e do mal ou à busca da purificação mediatizada pela confissão.[16]

> A moral sexual exige, ainda e sempre, que o indivíduo se sujeite a uma certa arte de viver que define os critérios estéticos e éticos da existência; mas esta arte se refere cada vez mais a princípios universais da natureza ou da razão, aos quais todos devem se sujeitar da mesma maneira, qualquer que seja seu estatuto. (p. 85; ed. bras., p. 72)

---

14. Kant, *Crítica da faculdade do juízo*, § 6, 8, 15.
15. J.-F. Lyotard, *Leçons sur l'analytique du sublime*, Paris, 1991.
16. *Le souci de soi*, p. 85 (ed. bras., p. 72). Estes três elementos são distintos: a rejeição dos dois últimos não implica a do primeiro.

Do lado pagão, a arte da existência é dominada pelo cuidado refinado de si. Do lado cristão, pensa-se a substância ética a partir da finitude, da queda e do mal. Ela é submetida "na forma de obediência a uma lei geral que é ao mesmo tempo vontade de um deus pessoal" e assim é constituída uma "hermenêutica purificadora dos desejos".[17] A partir do século IV "a destruição da forma do si" se põe em marcha nas instituições cristãs[18] em oposição ao "puro gozo de si" (p. 273; ed. bras., p. 234) dos estóicos.

A tese do conjunto dos dois últimos livros é análoga à dos precedentes – contra as comparações confusas da história das idéias, Foucault mostrava a historicidade da loucura, da clínica, do homem, da alma. Da mesma forma, aqui a subjetividade parece provir do deslocamento da ontologia grega pela deontologia romana.

Não existe permanência ética, deve-se distinguir o mundo grego, o mundo romano e o mundo cristão, objeto dos três livros projetados (*Uso dos prazeres, Cuidado de si, Confissões da carne*). Segundo Foucault, a habitual filiação latinos/cristãos desconhece as diferenças fundamentais "na experiência que o sujeito tem de si mesmo" (p. 169; ed. bras., p. 146). As diferenças maiores são estas:

– os gregos problematizam a diferença passividade/atividade, e a temperança é domínio de si na relação do homem adulto (ativo) com a esposa na ligação matrimonial, e com o rapaz na ligação pederasta;

– os latinos problematizam uma relação conjugal (a esposa não é mais a matrona, mas o cônjuge) que se torna até o modelo das relações exclusivamente masculinas;

---

17. Ibidem, p. 274 (ed. bras., p. 235). Foucault identifica a finitude à queda, enquanto *A arqueologia do saber* e *As palavras e as coisas* distinguiam dois sentidos da finitude.

18. *Dits et écrits* IV, p. 129.

— os cristãos introduzem a noção de finitude como queda e pensam o prazer como mal.

Enquanto os antigos queriam dar *uma forma* singular, gloriosa, exemplar, a sua própria vida livre, os cristãos substituem "essa elaboração de sua própria vida como obra de arte pessoal" por uma moral das *regras*. Esse corte entre Antiguidade e cristianismo teria interesse para nós hoje: se o homem é uma invenção cristã, *intolerável* em suas modalidades institucionais (cf. *História da loucura* e *Vigiar e punir*) e *efêmera* em sua disposição epistemológica (cf. *As palavras e as coisas*), uma outra possibilidade pode se abrir a partir de seu desaparecimento. Tratar-se-ia para Foucault de reativar, a partir da cultura antiga, uma possibilidade que a posteridade interditou. Mais precisamente, trata-se de "pôr à distância"[19] a moderna exigência moral de auto*nomia* a partir de uma compreensão *estética* de "um detalhe" da moral estóica (Paul Veyne).

> Se me interessei pela Antiguidade é porque, por toda uma série de razões, a idéia de uma moral como obediência a um código de regras hoje está desaparecendo, já desapareceu. E a essa ausência responde, deve responder, uma busca, que é a de uma estética da existência.[20]

Críticas da História da sexualidade *(1984)*

1) Nas conclusões precedentes indiquei como o *autor* criticava seus livros. Foucault declara que cada livro é escrito para deslocar o pensamento do autor. Contudo, em suas releituras tratava-se para ele de não perder o

---

19. D. Defert, "Glissements progressifs de l'œuvre hors d'elle-même", *Au risque de Foucault*, p. 158.
20. *Dits et écrits* IV, p. 730: entrevista publicada no *Le Monde* de 15 de julho de 1984 (Foucault morrera no dia 25 de junho).

domínio de seu próprio discurso e de *progredir* – dois temas não muito foucaultianos... Certamente ele não prescrevia ao leitor o modo de emprego de suas "caixas de ferramentas", mas procurava ali *ainda* se reconhecer a si mesmo, depois de ter-se colocado *além* de si pelo efeito de cada livro. A reinterpretação de um livro de 1961 em 1969, em 1976 ou em 1984 difrata o livro de 61 como se ele fosse projetado de inúmeras maneiras. Poder-se-ia abrir a obra no outro sentido, sem pressupor o aprofundamento de uma "interrogação", mas procurando ler nos livros antigos a crítica das novas posições, procurando mostrar que a depreciação de si é tão importante que não permite essa reflexão progressista de um mestre que tem o cuidado, intelectual, de si. Para des-ligar de si o pensamento-Foucault seria preciso usar uma perspectiva *inversa*.

Assim, nos dois últimos livros as observações sobre a forma econômica do lar *e* a ligação matrimonial (em Xenofonte) ou sobre a forma política não-cesariana do Império *e* a formação da ligação conjugal (nos estóicos) são praticamente as únicas em que a subjetividade está relacionada com poderes. Mas, porque adere à subjetividade pré-cristã que ele acredita ver se formar nesses jogos de poderes econômicos e políticos, Foucault não questiona os dispositivos epistêmico ou prático, nem pergunta se um mesmo sujeito se constituía nas formas de sujeição dos séculos XVI ao XX e através das práticas de liberação na Antiguidade.[21]

A escolha da loucura na era clássica é um testemunho da destruição da subjetividade romana pelo cristianismo? Uma episteme se parece com o teorema de Tales e a doutrina da alma imortal do *Menon* de Platão, ou deve ser posto um limite arqueológico entre ambos? Foucault não procura assinalar se um dispositivo restringe a conduta

---

21. Cf. ibidem, p. 733.

do escravo, do gladiador e do cliente na Roma de Sêneca. Não produzindo essas diferenças, ele deve, para sustentar sua "estética da existência", reanimar uma figura clássica da releitura escolar dos estóicos, vendo na liberdade interior do sábio o lugar possível de uma resistência e de uma responsabilidade anistórica de si. Sim, certamente, ele nos diz que o cristianismo e a psicanálise são diferentes do cuidado estóico de si, e nos diz que a estética da existência não é a submissão à normalidade burguesa do início do século XX. Mas ele não nos diz por que esse cuidado (proustiano?) poderia ser mantido, apesar de tudo, e ainda valer hoje. Deve-se considerar que a função de contestação e de guardiã de um si irredutível à normalização, atribuída outrora à literatura de Roussel e Artaud, está confiada à leitura dos estóicos por Alain...?[22]

O *vincennois* relativizava a filosofia "da consciência, do julgamento, da liberdade" presentes em Sartre e Alain, e o papel que a burguesia atribuía a esse luteranismo leigo.[23] O *arqueólogo* destruía o humanismo por uma "dessujeição" da vontade de poder e por "uma destruição do sujeito como pseudo-soberano" – luta de classes e ruptura de todos os interditos.[24] O resultado da destruição dos interditos dentro da dominação mantida da burguesia[25] foi a promoção de um sujeito arbitrário inteiramente soberano, o Eu publicamente indiferente aos valores.

Foucault retoma a questão antiga da moral, que os estóicos pensavam *em relação* com a lógica e a física, sem

---

22. Émile Chartier, o "Alain" (1868-1951), professor no Lycée Henri IV, humanista cartesiano, pacifista, conhecido como o filósofo do *radicalismo* (doutrina do Partido Radical, partido de notáveis, centrista, moderado, anticlerical e ligado à propriedade privada).
23. *Dits et écrits* II, p. 69-71. Em 1970 Foucault é responsável pelo departamento de filosofia da Universidade de Vincennes.
24. Ibidem, p. 227.
25. Mesmo com ministros comunistas no governo...

esta dupla relação: uma alma isolada do cosmo, uma ética sem exigência de coerência lógica. Um sujeito esteticamente indeciso num mundo cultural regido pela razão prática sob as formas tecnocientífica e estratégica... Não se pode zombar do humanismo que busca em uma episteme caduca fórmulas para um marxismo datado, e também do esteticismo que busca numa cosmologia antiga fórmulas para partículas elementares desorientadas? Na era da medicina genética, o esteticismo de 1984 parece bem próximo da "rejeição radical e bucólica" da medicina, que Foucault constatava nos anos 70.[26] Com que crueldade, com que prazer e com que estilo o Foucault do final dos anos 60 não escreveria sobre seus dois últimos livros!

2) A recepção dos últimos livros é póstuma. Em 1986, a revista universitária *Journal of Roman Studies* dedica um longo artigo muito elogioso a esses livros. Entretanto, Jean-Pierre Vernant, Paul Veyne e Pierre Hadot lembram que o cuidado antigo de si visa mais a uma integração no cosmo do que a uma "exploração de si por si".[27] Aparece uma divergência na interpretação que os dois colegas de Foucault no Collège de France têm de sua interpretação estética – *desontologizada* – da alma estóica. Segundo Veyne, antigo aluno que em 1971 julgara que Foucault havia revolucionado a história, não se trata de reatualizar o passado, mas de abrir um possível a partir de "um detalhe" da moral estóica. Hadot, mais crítico, acredita que a interpretação foucaultiana de Sêneca é globalmente inexata: a melhor parte de si, fonte da alegria serena do estóico, não é uma subjetividade livre no sentido psicológico, mas um "si transcendente", "parte da Natureza,

---

26. Cf. p. 59.
27. J. P. Vernant, em *Michel Foucault philosophe*, p. 269.

parcela da Razão universal". A interpretação de Epicteto, de Marco Aurélio e de Sêneca é falsa, e Epicuro é esquecido. As morais antigas se baseiam em ontologias. Portanto, Pierre Hadot assimila a estética foucaultiana da existência, separada do ser, ao dandismo "versão final do século XX".[28]

3) A interpretação dos estóicos não me parece apenas inexata: é incoerente. Para mostrar a diferença entre a dietética antiga e a recomendação cristã, Foucault não cessa de remeter à onipotência de uma *natureza* finalizada (no sentido de Aristóteles e dos estóicos), com uma insistência sobre as "regras" (p. 167; ed. bras., p. 145), sobre a "mecânica" própria do corpo (p. 157; ed. bras., p. 136), sobre "uma causa material e um arranjo orgânico" (p. 130; ed. bras., p. 112) – embora as infelicidades "talvez sejam provocadas por um *desregramento* do comportamento sexual" (p. 168; ed. bras., p. 145). Como pode sustentar uma interpretação da existência antiga separada do ser e dar como prova disso textos que ligam os comportamentos moderados e a ordem natural?

A leitura inexata e incoerente da filosofia antiga é, além do mais, sabiamente incompleta. Para dar uma visão do estoicismo romano, Foucault interpreta *O banquete* de Platão como passagem da deontologia grega para a ontologia – que será seguida por uma passagem da ontologia grega para a deontologia romana. Contudo, em suas referências a Platão ele não evoca essa passagem deontologia/ontologia *para a virtude da temperança*, e não retém de *A República* senão o sentido deontológico clássico (o domínio de si), *contestado* por Sócrates...

Poderíamos acreditar que ele se fia no leitor pelo sentido ontológico *aceito* por Sócrates (a harmonia entre as

---

28. *Michel Foucault philosophe*, p. 261-70.

partes da alma ou da cidade).[29] Penso que a questão é evitar um problema – se a harmonia já está presente na ontologia platônica, torna-se difícil pensar que a ontologia estóica caracterize uma nova era. Seria preciso reconhecer que a estética de si pode se basear na natureza divinamente harmoniosa (Platão) ou na ordem divina do mundo (Sêneca) e não apenas numa relação deontológica, anômica e humana consigo.

De fato, "o *logos* que provoca a temperança em todos os domínios da vida" pode ser compreendido num sentido ontológico (Epicteto, segundo Cleanto) *ou* crítico (Kant). Como a *Crítica da razão pura* desqualificou a ontologia, a lei moral não pode mais se basear num saber teórico. Ora, a desqualificação de qualquer metafísica humanista em *As palavras e as coisas* se baseia na destruição crítica da ontologia por Kant... Se não se quer repetir a inexatidão, a incoerência e a incompletude do discurso de Foucault, é preciso dizer então que a temperança (*Mässigkeit*), que não se baseia mais na natureza, não se baseia na graça de uma unidade sem conceito – mas, como ensina a *Crítica da razão prática*, provém da razão prática: a temperança é a conformidade da conduta à lei da razão (*Gesetzmässigkeit*)[30], ou seja, a auto-nomia.

Segundo Foucault, o prazer (sexual, alimentar, etc.) provém seja de uma arte de si, seja de uma lei divina. No primeiro caso, na cultura greco-latina, o sujeito elabora um material que pode ser perigoso, mas, enquanto natural, bom. Na cultura cristã, a lei exige a pureza do coração, ou seja, enfrentar o prazer compreendido como mal. E em suas *fórmulas* Foucault assimila claramente a autonomia à cultura cristã, enquanto em *As palavras e as coisas*

---

29. As referência de *Usage des plaisirs*, p. 80 (ed. bras., p. 64-5), evitam precisamente a referência a *A República*, 432 e 442a c-d.
30. *Crítica da razão prática*, V 71, V 45.

ele a considerava uma "articulação".[31] Mas se nos textos de Kant dissociamos a reflexão crítica da antropologia (cristã), conforme o convite de Foucault, lemos as teses seguintes em *As palavras e as coisas*: 1) o prazer (*Lust*) é sempre corporal e moralmente neutro[32]; 2) o prazer é arriscado[33]; 3) o prazer é o elemento do soberano bem, compreendido em sua completude.[34] Não se pode dizer que a *Crítica* assimila o prazer e o mal e faça do bem supremo (autonomia) o bem completo: essa interpretação fichtiana da *Crítica da razão prática* não pode se sustentar senão graças a um erro de tradução...[35] *decisivo!* No fundo, é o mesmo erro cometido por Foucault no momento em que identifica a reflexão crítica e a moral cristã histórica.

Por isso, a alternativa *filosófica* não é a alternativa *cultural*, própria ao Ocidente, entre mundo antigo e mundo cristão, entre a ética e o código. É a alternativa entre a moral fundada ontologicamente e a moral fundada linguageiramente (ou seja, racionalmente), entre a temperança como virtude substancial e a *Gesetzmässigkeit*. Hoje

---

31. Cf. p. 103.
32. *Critique du jugement*, § 29. Rmq. Ak. V p. 278; e § 54, Ak, V p. 335. *Critique de la raison pratique*, Ak. V p. 60.
33. *Critique de la raison pratique*, § 3 sc. 2 (tradução citada, p. 36-9).
34. "A felicidade é a satisfação de todas as nossas inclinações" (CRP, Pléiade, p. 1366) e é um dos dois elementos do soberano bem: o bem *completo*, sendo a liberdade o bem *supremo*. Cf. *Critique de la raison pratique*, op. cit., p. 60.
35. A. Philonenko estima, a propósito da potência da razão, que Kant "acrescenta decisivamente" que a liberdade se torna "capaz de um gozo que *pode* se chamar felicidade" (*L'Œuvre de Kant*, Paris, 1972, tomo 2, p. 165). Mas não consegue sustentar essa "posição quase estóica" de Fichte (op. cit., nota 54, p. 160) que *a partir de* uma citação *errônea* da tradução [para o francês] *correta* de Picavet: "Die Freiheit selbst wird auf solche Weise (nämlich indirekt) eines Genusses fähig, welcher *nicht* Glückseligkeit heissen kann..." ["A própria liberdade se torna, dessa maneira (quer dizer, indiretamente), capaz de um gozo que *não* pode se chamar felicidade..."]. Kant, *Kr. Der pr. Vernunft*, Ak. V p. 118; Picavet, CRPr, PUF, 1976, p. 128.

é preciso pôr entre parênteses o homem ocidental e deixar à filosofia sua dimensão propriamente racional – deve-se reter de *As palavras e as coisas* a distinção entre a reflexão crítica e o sono antropológico...

Para terminar esta crítica, expressarei algumas dúvidas relativas à prática de uma "estética da existência".

1) Será que o *juiz* estético de si mesmo *governa* um si? Ou será que ele julga, "seguindo certos critérios de estilo"[36], um comportamento dirigido por restrições estruturais ou estéticas? Desde o momento em que Foucault considera esses critérios como cânones (na Antiguidade a formação de si "obedece a cânones coletivos"[37] – herói grego, velho romano, etc.), não se vê em que a formação cristã da figura do santo, passível de representações hagiográficas e de um julgamento crítico sobre si, obedece a "regras" unicamente prescritivas em vez de "cânones" estéticos.

2) Suponhamos que o homem se julga e se governa sem cânone ou regra. Como deverá se representar a formação da *imagem* originária de si? Sentimos a ausência de discussão foucaultiana sobre o que dizem a psicanálise e o idealismo alemão dessa imagem.

3) Será que a estética da existência pode se tornar, hoje, uma ética coletiva? Será que ela pode governar os costumes, da menor relação efêmera à relação internacional entre, por exemplo, comerciantes, políticos ou escritores? Se, numa desavença, o juiz se baseia em uma imagem, seu julgamento não tem o mesmo sentido... a) se ele tiver de julgar sua própria conduta presente e

---

36. *Usage des plaisirs*, p. 17 (ed. bras., p. 15).
37. *Dits et écrits* IV, p. 731.

futura; ou b) se julga uma relação enquanto parte (b1) ou enquanto terceiro (b2). Por exemplo, um esposo julga a relação conjugal para fazê-la evoluir, para rompê-la, para confirmá-la, etc.; um irmão, um amigo, julgam-na como espectadores, enquanto um magistrado decide formá-la (casamento) ou rompê-la (divórcio). Se existe mesmo uma dimensão estética da relação consigo e com o outro, por que ela deveria ser exclusiva ou primordial? Foucault parece esquecer que na relação conjugal romana, mesmo no consentimento mútuo no casamento, o primeiro momento não é estético, mas jurídico – por mais que os amantes se comprazam, ainda não há casamento. Da mesma maneira na direção de si mesmo, entre a Lei proveniente da Razão, de Deus ou do Estado, e a Imagem singular, há esquemas, uma mentalidade originária talvez dependa de uma arqueologia positiva (Foucault), de uma *compreensão* das formas simbólicas (Cassirer)[38], etc.

Se há uma elegância possível numa troca científica ou musical, ou em uma viagem de recreio, há também regras internas de procedimento em cada terreno. E nada indica que um bom cientista será um bom marinheiro, um bom pai ou um bom músico. Em outras palavras, a destruição foucaultiana do sujeito parece dificilmente compatível com a manutenção de *uma* estética *da* existência: existem, antes, regras das existências. Mas Foucault parece ater-se à identidade do sujeito! Tendo procurado um quase-sujeito anormal, selvagem, à parte da razão clássica, da medicina e das ciências do homem, em 1976 ele rejeitou fazer dele um ponto irredutível à familialização do desejo e à racionalização capitalista do cálculo. Contudo,

---

38. Ernst Cassirer (1874-1945) estende ao conjunto da cultura a crítica neokantiana do conhecimento, por meio de um aprofundamento da distinção de Humboldt (cf. p. 73). Um célebre debate teve lugar em Davos, na Suíça, em 1929, entre Cassirer e Heidegger, sobre o "kantismo e a filosofia".

não conseguindo se decidir a dissolvê-lo, depois da crítica do freudo-marxismo e da dessacralização de Sade, transfigurou-o projetando na Antiguidade uma identidade subjetiva baseada no conceito, cartesiano ou agostiniano, do arbítrio.

Se a genealogia suspeita da identidade ou da coerência que se dá um Eu[39], a inscrição deste vasto empreendimento sob o nome de Nietzsche é talvez abusivo.

---

39. Cf. Foucault, "Nietzsche, la généalogie, l'histoire", em *Dits et écrits* II, p. 141.

Conclusão

Ao final deste estudo deveríamos estar prontos para definir o sistema "Michel Foucault", que permitiu "modificar não apenas o pensamento dos outros, mas o seu próprio".

Certamente Foucault não criou um *sistema filosófico* do qual se pudesse isolar a estrutura após ter compreendido sua gênese, mas o percurso do autor dos livros publicados sob o nome de "Michel Foucault" nos parece obedecer a um "sistema por trás do sistema"[1]: ao contrário de J.-F. Lyotard, que agrupava os seus periodicamente em volumes, Foucault é indiferente aos inúmeros artigos que publica aqui e ali – mas (se) identifica (com) seus livros; exclui este ou aquele – publicado[2], inédito[3] ou abandonado[4] – e reinterpreta ou corrige aqueles cuja reedição autoriza.

Neste sentido, "o sujeito que escreve faz parte da obra".[5] Contudo, não se deve compreender esta fórmula

---

1. Cf. *Dits et écrits* I, p. 515, e, neste livro, p. 92.
2. *Maladie mentale et personnalité*, 1954.
3. Sua tese complementar, sobre Kant, depositada na biblioteca da Sorbonne.
4. As pesquisas para a *História da sexualidade*. O terceiro volume, quase terminado, é inédito.
5. *Dits et écrits* IV, p. 607.

num sentido metafísico e buscar uma alma permanente cuja obra, por um lado, as decisões e atos, por outro, seriam as manifestações... Por que privilegiar tal máscara? Quem pode chegar ao Foucault *em si*?

O sujeito faz parte da obra como função, a função "autor", que o curso da obra *trabalha*. Segundo *As palavras e as coisas*, o professor de antropologia chamado Kant não é o autor da *Crítica*.[6] Portanto, é preciso procurar que lógica – e não que sujeito – leva à manutenção da assinatura "Foucault", considerando que se trata explicitamente de se *desprender de si*, por um lado, e, por outro, que o autor se encontra no final, *na vertical de si mesmo*[7]; procurar a "delimitação transcendental"[8] do jogo no qual se modifica o pensamento de Foucault e o de seus leitores.

1) Se repassarmos rapidamente os momentos do percurso foucaultiano, constatamos que em 1961 e 1963 uma *experiência* intensa da loucura e da morte – da qual dão testemunho Artaud, Hölderlin, Sade, Nerval, etc. – é vizinha de uma análise *estrutural* da psiquiatria e da medicina moderna. O leitor dos poetas *compreende* fenomenologicamente o vivido, o sentimento da situação ou a tonalidade próprios da experiência clínica e da loucura, pondo entre parênteses qualquer articulação exata – que o leitor de Canguilhem e de Dumézil procura *conhecer*. Essa conjunção entre um tema fenomenológico e uma análise estrutural se dá na equivocidade da *decisão*, que Michel Foucault apresenta ora como singularidade *livre* contra as estruturas[9], ora como um *deslocamento ínfimo* no seio

---

6. Cf. *Les mots et les choses*, p. 352 (ed. bras., p. 471); cf., neste livro, p. 81, p. 100 e p. 123.
7. *Usage des plaisirs*, p. 17 (ed. bras., p. 15).
8. *Archéologie du savoir*, p. 264 (ed. bras., p. 229); cf., neste livro, p. 117.
9. Exemplos: *Dits et écrits* IV, p. 93, p. 693 e p. 720.

das estruturas.[10] Depois de se proclamar estruturalista em 1966, Foucault logo renega essa posição e se volta para um freudo-marxismo, que insiste na revolta dos corpos indóceis submetidos à malevolência nas estruturas da sociedade carcerária (1975). No entanto, imediatamente contesta o freudo-marxismo, buscando o "ponto do contra-ataque" no prazer *anômico* (1976). Reencontra sua crítica inicial do mundo moderno pensado por Hegel: em vez de uma comunidade organizada pelas normas burguesas, uma fraternidade e um prazer imediatos (1961, 1975). Seu problema então passa a ser o cuidado que se tem consigo no uso dos prazeres – e ele projeta nos estóicos romanos o tema de uma estética da existência (1984).

Em 1966, Michel Foucault diagnostica em Kant ao mesmo tempo o nascimento do "sono antropológico" e uma reflexão crítica que não provém dele. No entanto, apóia antes seu próprio discurso na maneira nietzschiana de *incendiar* o tema antropológico do que no método demonstrativo da reflexão crítica.[11] A recusa da "arqueologia filosófica" à maneira kantiana se explicita em 1969 na tentativa de eliminar todo transcendental anistórico. Mas o método nos parece incoerente: por um lado, o saber *experimental* está completamente historicizado nos temas da *episteme* e depois do *dispositivo*; por outro lado, entre os poetas subsiste uma *experiência* trans-histórica da tragédia louca (1961, 1977), apesar de limites arqueológicos que se acreditava intransponíveis (1966). Mesmo quando contesta esse uso ingênuo da poesia, depois de *A vontade de saber*, e recusa sua posição hermenêutica inicial, Foucault não duvida de sua capacidade para reencontrar *um* sentido estético *do* si, apenas encoberto pela moral cristã do código (1984).

---

10. Exemplos: *Les mots et les choses*, p. 13 (ed. bras., p. XVIII e XIX) e *Archéologie du savoir*, p. 11 (ed. bras., p. 4-5).
11. Cf. p. 82.

Em outras palavras: ele inicialmente busca um *si* autêntico, aquém da normalização psiquiátrica ou burguesa, e pensa-o como trans-histórico. Inversamente, ele recusa a pretensão da reflexão transcendental (kantiana) de desvendar um sujeito *originalmente sintético*, trans-histórico, no conhecimento científico. Mas sua autocrítica o leva a abandonar essa leitura dos poetas. Relê, então, Platão e Sêneca, com a mesma preocupação hermenêutica: procura reencontrar um sujeito *estético*, "deontológico" – antes de Platão e a partir de Sêneca. Se um tal sujeito estético for anistoricamente possível, embora o método arqueológico delimite rigorosamente as épocas, não há motivo para que um sujeito lógico não o seja. As racionalidades da matemática, da física ou da moral seriam as únicas subjetividades integralmente históricas?

Na verdade, tudo se passa como se a recusa de seguir a arqueologia filosófica rigorosamente apoiada na experimentação, em benefício de uma inflamação nietzschiana do humanismo, inevitavelmente levasse Foucault a repetir a proposição fundamental do "sono antropológico": o homem como sujeito é livre-arbítrio. Foucault diz o mesmo que Agostinho, Descartes, Fichte e Sartre. Seu trabalho consiste em fazer recuar o momento da constituição dessa proposição, fundamental para esses filósofos "cristãos" – não na interpretação *antropológica* dada por Kant à reflexão crítica, como Foucault escreveu em 1966, mas na interpretação que Sêneca daria de Cleanto (1984). Em 1961, a partir do próprio conceito de livre-arbítrio, ele zombava da pesquisa humanista deste si – do qual faz o elogio em 1984 sob a forma estética da escolha a favor ou contra a razão.[12]

2) O que precede negligencia, entretanto, um aspecto importante do percurso de Foucault. Em 1961, sua tese

---

12. Cf. p. 28, nota 10, e p. 196.

mistura *poeticamente* as fronteiras entre a filosofia, a história e a literatura; Hölderlin em 1963, Borges e Velásquez em 1966, e muitos outros ainda, dão aos livros *estruturalistas* um estilo poético. Em 1984 seus livros descrevem academicamente certos traços das culturas grega e romana. E em 1961 começa uma pesquisa arqueológica, ao passo que em 1984 Foucault explicará que a arqueologia da psicanálise (1976) era um desvio – o *estilo* tão singular de Foucault desaparece ao mesmo tempo em que desaparece o *método* arqueológico. De 1961 a 1976, Foucault explicava como as instituições da sociedade humana sujeitavam o ser humano e como, em vez de querer libertar o homem, tornava-se urgente criticar as estruturas da sujeição. Em 1984 o sujeito deixa de ser compreendido como produto histórico para ser celebrado como homem *cuidadoso de si*.

Por que é preciso que o autor de uma tese de doutorado rompa com o estilo acadêmico, e o autor de sucesso, livre de qualquer restrição editorial, adote esse mesmo estilo? Tudo acontece como se a singularidade do estruturalista da década de 1960 se marcasse no estilo, e a universalidade acadêmica dos anos 80 *proclamasse* a singularidade do sujeito! O universal e o singular, ou a estrutura e a existência estão sempre presentes, mas invertidas. Em 1966, o estilo singular diz que só existem estruturas. Em 1984, o estilo acadêmico diz que só existem singularidades. *No quadro dos possíveis filosóficos, a opção de Michel Foucault foi a passagem de uma casa para outra, ou seja, a inversão da forma e do conteúdo.*

3) No prefácio de *O uso dos prazeres* (1984), Foucault reconstitui seu percurso considerando que *A vontade de saber* (1976) é um desvio em relação a sua "interrogação" de sempre. De fato, uma "arqueologia da psicanálise"[13]

---

13. *Volonté de savoir*, p. 172 (ed. bras., p. 122).

se inscrevia perfeitamente na continuidade das pesquisas sobre a genealogia da moral moderna, depois de *O nascimento da clínica* (1963) e de *Vigiar e punir* (1975): o corpo doente, prisioneiro, escolarizado é também um corpo sexualizado por um dispositivo de poder-saber. Admitamos que esta arqueologia esteja incompleta no livro de 1976, pois o desejo é um problema já presente na Antiguidade, ao passo que se poderia considerar completa a arqueologia de *As palavras e as coisas*, de 1966 (as ciências humanas são recentes, os dois limites do "homem" estão bem definidos). Mas o que dizer da loucura ou da medicina? Certamente a loucura não é a mesma coisa na Antiguidade, no mundo árabe ou depois do Grande Confinamento, e poderia ser interessante procurar que jogos de verdade permitem esses reconhecimentos em sua singularidade. Estes são temas de possíveis pesquisas históricas, abertas pelos livros de Foucault – mas que seu autor não realiza. Por que tal rarefação de enunciados? Lyotard daria ênfase ao tempo: é uma frase de cada vez[14], é impossível fazer tudo. Mas isto seria descuidar do princípio foucaultiano de produção positiva dos enunciados seguindo regras. Que regras empurram os enunciados foucaultianos para fora da arqueologia?

Entre 1961 e 1976 a produção histórica das posições correlativas do psiquiatra e do louco, do médico e do doente, do professor e do aluno, etc., dependiam da *episteme*, de *poderes*, de *dispositivos* – já que a consciência não guia o mundo. Em compensação, nos dois livros de 1984, *as práticas passarão a ser referidas a uma consciência ética mais do que a jogos de poder*. Segundo *A vontade de saber*, quatro regras permitem compreender a produção dos discursos sobre o sexo no terreno das relações de poder.[15]

---

14. J.-F. Lyotard, *Le différend*, Paris, 1983 (números 41, 102, 134).
15. *Volonté de savoir*, p. 130-4 (ed. bras., p. 94-6).

Ora, *O uso dos prazeres* e *O cuidado de si* não se interessam pelo poder, mas pela ética do poder – e esquecem essas regras. A questão é marcar um *modelo* de comportamento, ainda que "evidentemente os gregos não vivessem conforme esse modelo".[16]

Foucault descreve duas formas da *consciência* de si, conforme a subjetivação se faça pelo modelo estético *ou* pela mediação de códigos jurídicos e religiosos – a alternativa não é mais entre *estrutura* e *consciência* (1966), mas entre duas formas de consciência (1984). E a inversão é completa, já que a consciência privilegiada por Foucault é precisamente aquela que se distancia ao máximo de qualquer estrutura – de qualquer regra, de qualquer lei, de qualquer norma. Como se pode assim passar das pesquisas arqueológicas para uma filosofia da consciência... e encontrar-se "na vertical de si mesmo"? Mas, no fundo, as duas posições não eram simultâneas na época estruturalista, quando Foucault contestava a consciência em nome da estrutura e, ao mesmo tempo, recusava qualquer regra com relação a Nietzsche?

4) Para Foucault, isso não está tão claro. Durante oito anos ele teve de "retomar tudo inteiramente..." para se encontrar em sua "interrogação" inicial (de 1961). O leitor, este não vê muito bem como essa inquietude de *sempre* é compatível com o abandono do método e do estilo de *antanho*.

A "curiosidade" de Foucault se manteria "na reserva e na inquietude"[17] – essa autocompreensão de sua atividade intelectual provém de uma definição fenomenológica da filosofia[18], que insiste no *espanto* aristotélico em

---

16. *Usage des plaisirs*, p. 274 (ed. bras., p. 218).
17. Ibidem, p. 13 (ed. bras., p. 12).
18. Cf. G. Lebrun, em *Michel Foucault philosophe*, p. 33-51.

detrimento da *lógica*. O vivido, o projeto e a experiência seriam o ponto de origem do discurso, com a particularidade de que não se trata, como acontece com Sartre, de encontrar as palavras de seu projeto fundamental, mas de se livrar do discurso rindo. Simples oposição entre duas categorias de qualidade (Realidade, Negação) na interpretação fundamental do Si humano pelos dois humanismos de esquerda: ambos compreendem o Si como negação – "'nadização", "depreciação" – mas Sartre visa a uma identidade do ato negativo de autoposição, a "autenticidade", e Foucault uma diferença, o "rir"...

5) A lógica do sistema foucaultiano obedece à *antinomia da liberdade* na *Crítica da razão pura*.

A tese da Antinomia apresenta a singularidade da liberdade além da restrição do determinismo natural, e a antítese apresenta a ilusão dessa singularidade.[19] A antítese, reescrita pelo estruturalismo, se transforma em:

> Não há liberdade, mas tudo no mundo chega segundo as estruturas da cultura.

A tese, reescrita pelo esteticismo libertário, se torna:

> A causalidade segundo as estruturas culturais não é a única; ainda é necessário admitir, para explicar e transformá-las, uma causalidade por liberdade.

Para a reflexão crítica, a antinomia é filosoficamente necessária: as duas teses são naturalmente *provadas* pela razão em seu uso ingênuo, dogmático, não-crítico. Nesse jogo das provas cada tese é estabelecida pelo absurdo:

---

19. Kant, *Crítica da razão pura*, B 472-B 481.

ao estabelecer o determinismo conclui-se pela liberdade e vice-versa (se nada acontece sem uma causa suficientemente determinada *a priori*, é absurdo estabelecer uma primeira causa – ou negá-la).

Se a arqueologia filosófica é a apreensão do que torna necessária uma forma de pensamento a partir de uma estrutura da razão[20], podemos dizer arqueologicamente – ou seja, filosoficamente – que, no jogo foucaultiano do discurso, *Michel Foucault sempre rejeita sua tese por sua antítese*. O estruturalista que apresenta os movimentos da consciência como *efeito de superfície* desta se abstrai pelo estilo; mais tarde, tendo rejeitado o método arqueológico em prol de uma filosofia da subjetividade, apresenta seu discurso na forma impessoal do academicismo. Já que a posição do discurso é sempre negativa, polêmica, nenhuma tese pode ser enunciada seriamente: o estilo de *As palavras e as coisas* aniquila a monotonia das estruturas, o esteticismo de *O cuidado de si* preserva contra as objeções acadêmicas de Pierre Hadot...

Enfim, a *Crítica da razão pura* mostra que as duas teses antinômicas só podem se opor com base em uma identidade: elas pensam, ambas ilusoriamente, a liberdade como ruptura, separação, negação – enquanto a *Crítica da razão prática* pensa a liberdade como autonomia.[21] Se Foucault pode apresentar a tese e a antítese, o singular e o estrutural, é justamente porque ele mesmo também mantém – desde o cartesianismo subjacente da *História da loucura* até a projeção do arbítrio cristão no estoicismo romano – esse conceito ilusório da liberdade. E se ele pode, como um rosto de Bacon, oscilar de uma para a outra, é porque recusa o exame racionalmente crítico do princípio de razão, de onde provêm as provas das duas teses antinômicas.

---

20. Cf. Kant, citado por Foucault, *Dits et écrits* II, p. 221.
21. Cf. *Crítica da razão prática*, § 5-6.

Nesta posição do arbitrário como valor supremo, e nessa rejeição do primado da razão, *ele volta exatamente à posição fundamental de seus detratores humanistas – e pode contestar Sartre.*[22]

Mas, a crítica filosófica do humanismo ainda é possível, a partir de Foucault, ainda que seja preciso dirigi-la em parte contra ele. *As palavras e as coisas* desperta o leitor da *Crítica* do "sono antropológico" em que poderia imergi-lo Kant. *A arqueologia do saber* recusa a superestima conferida a Nietzsche. A recaída estetizante aparece, portanto, claramente como a verdade desse sono, povoado de sonhos de liberdade, em vez da vigília sobre a autonomia que o anti-humanismo e o humanismo interditam ao mesmo tempo.

---

22. Cf. p. 100.

Indicações bibliográficas

Obras de Michel Foucault

Histoire de la folie à l'âge classique. Paris: Gallimard, 1961. [Ed. bras.: *História da loucura*. Trad. José Teixeira Coelho Neto. São Paulo: Perspectiva, 1978.]

Naissance de la clinique. Paris: PUF, 1963. [Ed. bras.: *O nascimento da clínica*. Trad. Roberto Machado. Rio de Janeiro: Forense Universitária, 2003.]

Raymond Roussel. Paris: Gallimard, 1963. [Ed. bras.: *Raymond Roussel*. Trad. Manoel Barros da Motta e Vera Lucia Avellar Ribeiro. Rio de Janeiro: Forense Universitária, 1999.]

Les Mots et les choses. Paris: Gallimard, 1966. [Ed. bras.: *As palavras e as coisas*. Trad. Salma Tannus Muchail. São Paulo: Martins Fontes, 1981.]

Ceci n'est pas une pipe. *Les Cahiers du Chemin*, jan. de 1968. Reedição: Montpellier: Fata Morgana, 1973. [Ed. bras.: *Isto não é um cachimbo*. Trad. Jorge Coli. Rio de Janeiro: Paz e Terra, 1988.]

L'Archéologie du savoir. Paris: Gallimard, 1969. [Ed. bras.: *A arqueologia do saber*. Trad. Luiz Felipe Baeta Neves. Rio de Janeiro: Forense Universitária, 1972.]

L'Ordre du discours. Paris: Gallimard, 1971. [Ed. bras.: *A ordem do discurso*. Trad. Laura Fraga de Almeida Sampaio. São Paulo: Loyola, 1999.]

Moi, Pierre Rivière, ayant égorgé ma mère, ma soeur et mon frère... Obra coletiva. Paris: Gallimard, 1974. [Ed. bras.: *Eu, Pierre Rivière, que degolei minha mãe, minha irmã e meu irmão.* Obra coletiva. Trad. Denize Lezan de Almeida. Rio de Janeiro: Graal, 2000.]

Surveiller et punir. Paris: Gallimard, 1975. [Ed. bras.: *Vigiar e punir.* Trad. Raquel Ramalhete. Petrópolis: Vozes, 1977.]

Histoire de la sexualité I: La Volonté de savoir. Paris: Gallimard, 1976. [Ed. bras.: *História da sexualidade I: A vontade de saber.* Trad. Maria Thereza da Costa Albuquerque. Rio de Janeiro: Graal, 2001.]

Qu'est-ce que la Critique? [Critique et *Aufklärung*]. Conferência de 27 de maio de 1978, na Societé Française de Philosophie; publicada em francês em abril de 1990.

Microfísica do poder. Org. e trad. Roberto Machado. Rio de Janeiro: Graal, 1979.

Le Désordre des familles. Com A. Farge. Paris: Gallimard, 1982.

Histoire de la sexualité II: L'Usage des plaisirs. Paris: Gallimard, 1984. [Ed. bras.: *História da sexualidade II: O uso dos prazeres.* Trad. Maria Thereza da Costa Albuquerque. Rio de Janeiro: Graal, 2001.]

Histoire de la sexualité III: Le Souci de soi. Paris: Gallimard, 1984. [Ed. bras.: *História da sexualidade III: O cuidado de si.* Trad. Maria Thereza da Costa Albuquerque. Rio de Janeiro: Graal, 1985.]

Dits et écrits I: 1954-1988. Editado por D. Defert e F. Ewald (com a colaboração de J. Lagrange). Paris: Gallimard, 1988.

Dits et écrits II: 1970-1975. Paris: Gallimard, 1988.

Dits et écrits III: 1976-1979. Paris: Gallimard, 1988.

Dits et écrits IV: 1980-1988. Paris: Gallimard, 1988. [A edição brasileira, pela Editora Forense Universitária, de *Ditos e escritos*, organizada por Manuel de Barros Motta, está programada em cinco volumes: I. Trad. Vera Lucia Avellar Ribeiro; II. Trad. Elisa Monteiro; III. Trad. Inês Autran Dourado; IV. Trad. Vera Lucia Avellar Ribeiro; e V. Elisa Monteiro e Inês Autran Dourado.]

Estudos e artigos sobre Michel Foucault

BROSSAT, A. (Org.). Michel Foucault: les jeux de la vérité et du pouvoir. *Anais do Colóquio de Sofia*, 25-27 de junho de 1993. Nancy, 1994.

BURGELIN, P. L'Archéologie du savoir. *Esprit*, 1967.

CANGUILHEM, G. Mort de l'homme ou épuisement du cogito. *Critique*, nº 242, jul. 1967.

COLOMBEL, J. Les Mots de Foucault et les choses. *La Nouvelle Critique*, abr. 1967.

_____. *Michel Foucault: la clarté et la mort*. Paris: O. Jacob, 1994.

DEFERT, D. Glissements progressifs de l'œuvre hors d'elle même. In: *Au risque de Foucault*. Paris, Centre Pompidou Eds Du, 1997.

DELEUZE, G. *Foucault*. Paris: Éditions de Minuit, 1986. [Ed. bras.: *Foucault*. Trad. Claudia Sant'Anna Martins. São Paulo, Brasiliense, 1995.]

DREYFUS, H. e RABINOW, P. *Michel Foucault, un parcours philosophique*. Paris: Gallimard, 1984.

ERIBON, D. *Michel Foucault*. Paris: Flammarion, 1991. [Ed. bras.: *Michel Foucault*. Trad. Hildegard Feist. São Paulo: Companhia das Letras, 1990.]

Michel Foucault philosophe. Paris: Le Seuil, 1989.

GIARD, L. e outros. *Michel Foucault – Lire l'œuvre*. Jérôme Millon, 1992.

GROS, F. *Foucault et la folie*. Paris: PUF, 1996.

HAN, B. *L'Ontologie manquée de Michel Foucault*. Grénoble, 1998.

HALPERIN, D. *Saint Foucault*. Oxford University Press, 1995.

KREMER-MARIETTI, A. *Michel Foucault, archéologie et généalogie*. Paris: Garnier-Flammarion, 1974.

LE BON, S. Un positivisme désespéré. *Les Temps Modernes*, 1967.

MACEY, D. *Michel Foucault*. Tradução para o francês de P.-E. Dauzat. Paris: Gallimard, 1994.

MAURIAC, C. *Signes rencontres et rendez-vous.* Livre de Poche, 1983.

MAURIAC, C. *Mauriac et fils.* Livre de Poche, 1986.

MERQUIOR, J. G. *Foucault et le nihilisme de la chaire.* Tradução para o francês de M. Azuelos. Paris: PUF, 1986.

MILLER, J. *The Passion of Michel Foucault.* Nova Iorque, 1993. Tradução francesa: *La Passion Foucault.* Paris: Plon, 1995.

SWAIN, G. *Le Sujet de la folie, naissance de la psychiatrie.* Toulouse, 1977.

TERRA, R. Foucault lecteur de Kant: de l'Anthropologie à l'ontologie du present. In: FERRARI, J. (Org.). *L'Année 1798: Kant et l'Anthropologie.* Paris, 1997.

Alguns livros sobre Foucault de autores brasileiros

CASTELO BRANCO, G. e BAETA NEVES, L. F. (Org.). *Michel Foucault: da arqueologia do saber à estética da existência.* Rio de Janeiro/Londrina: Nau/Cefil, 1998.

CASTELO BRANCO, G. e PORTOCARRERO, V. (Org.). *Retratos de Foucault.* Rio de Janeiro: Nau, 2000.

MACHADO, R. *Foucault: a filosofia e a literatura.* Rio de Janeiro: Jorge Zahar Editor, 1999.

ORTEGA, F. *Amizade e estética da existência em Foucault.* São Paulo: Graal, 1999.

RAGO, M.; ORLANDI, L. B. L. e VEIGA-NETO, A. (Org.). *Imagens de Foucault e Deleuze: ressonâncias nietzschianas.* Rio de Janeiro: DP&A, 2002.

ESTE LIVRO FOI COMPOSTO EM SABON
CORPO 10,7 POR 13,5 E IMPRESSO SOBRE
PAPEL OFF-SET 75 g/m² NAS OFICINAS DA
BARTIRA GRÁFICA, SÃO BERNARDO DO
CAMPO-SP, EM DEZEMBRO DE 2003